文政四年の激震〈相馬大作事件〉

――江戸と蝦夷地を揺るがした津軽と南部の確執

下斗米哲明

寿郎社

はじめに

時は一八世紀から一九世紀――蝦夷地が徳川幕領だった時期の寛政《かんせい》年間から文政《ぶんせい》年間のこと。ロシアの武装船が蝦夷地近海を脅かしていた。幕府は北辺の防備を固めるため、それまで蝦夷地を支配していた松前藩を陸奥《むつ》国梁川《やながわ》（現・福島県伊達市）に移封し、蝦夷地を直轄地（天領）にした。そして松前奉行所を置いて統括管理し、沿岸の警備は東北諸藩に命じた。

蝦夷地沿岸警備の主力は津軽藩（現・青森県西部）と南部藩（現・岩手県と青森県・秋田県の一部）であった。蝦夷地を東西に分け、「西蝦夷地」の警備を津軽藩が、「東蝦夷地」の警備を南部藩が命じられた。この二藩――弘前《ひろさき》を中心とする石高一〇万石の津軽藩（弘前藩）と、盛岡《もりおか》を中心とする石高二〇万石の南部藩（盛岡藩）――には、積年の確執があった。幕府が蝦夷地を東西に分けて両藩に警備させたのは、藩同士の摩擦を避けるためでもあったようだが、両藩を蝦夷地警備で競い合わせるということもあったと考えられる。実際、両藩は警備の功と藩主の官位の昇進を競い、蝦夷地警備によって津軽と南部とのあいだには新たな軋轢が生まれてゆく。

そのような時期に起こったのが津軽藩主暗殺未遂事件――いわゆる〈相馬大作《そうまだいさく》事件〉であった。

相馬大作（実名・下斗米《しもとまい》秀之進《ひでのしん》）は当時の松前奉行・夏目《なつめ》信平《のぶたみ》の元用人で南部藩領福岡《ふくおか》（現・岩手県二戸

市）で練兵道場「兵聖閣《へいせいかく》」を開いていた。その相馬大作が参勤交代途上の津軽藩主・津軽寧親《つがるやすちか》の暗殺を企て未遂に終わったのである。大作は江戸へ逃走し、後に幕府役人に捕まり、処刑された。

事件を起こした動機は、表向きは主君・南部藩主の遺恨を晴らすためであるが、これから本書で述べていくようにロシアから蝦夷地を守るという当時の情勢に基づく「北衛の志士」としての思想も根底にはあった。

事件の首謀者・相馬大作は、門弟・関良助《せきりょうすけ》とともに江戸に逃亡・潜伏の末に捕らえられ、幕府の裁定によって獄門（斬首され首が公衆に晒される）の刑となった。その背景には激怒した津軽藩の幕府に対する執拗な働きかけがあった。

ところが江戸庶民は、相馬大作事件に〝拍手喝采〟し、「赤穂浪士の再来」と評価し、読み物や芝居となった。

幕府は武家の御家騒動や仇討ちの読物や芝居を禁止するが、赤穂浪士事件が読み物や芝居で「仮名手本忠臣蔵」に脚色されたように、相馬大作事件も「檜山騒動」として読み物や芝居となり、以後、幕末・明治・大正・昭和と人気を博すことになる。江戸期には人名や藩名を変えた物語に脚色され、公儀の取り締まりから逃れたわけである。

旧南部藩領（現・岩手県と青森県・秋田県の一部）地域では、相馬大作は今なお忠臣・忠勇と語り継がれているが、旧津軽藩（現・青森県西部）の地域の人々には「わが殿様の命を狙った大悪人」と言われ、旧南部藩の地域とは真逆の評価である。そしていずれでも相馬大作の実像や事件の真相はあまり知られていない。

本書は、この〈相馬大作事件〉に、さまざまな史料を駆使して幕府による蝦夷地支配という側面から迫ることで、事件の実相と相馬大作と大作に関わる人々――北衛の志士ら――の実像を解明しようとしたものであるが、はじめに一つお断りしておきたい。〈相馬大作事件〉の根底にある南部藩と津軽藩との根強い確執についてである。その始まりは戦国時代。南部の家臣であった安東(安藤)氏が津軽を領地として独立したことが両藩の確執の始まりである。しかし戦国時代は下克上の世であり、国盗合戦では手段かまわず勝てば名将とされる。津軽が南部から分かれたこと自体は非難されるべきことではないだろう。

本書における南部藩と津軽藩の確執については、幕府の公文書や両藩が所蔵する古文書などを元にして書いている。どちらかへの肩入れは一切していない。執筆者である私(下斗米哲明)と大作の姓氏は同じ「下斗米」であるが、私の先祖は南部・八戸藩の家臣であった下斗米氏の家系とは無縁である。明治の戸籍法制定(壬申戸籍)の際になにかの縁があって先祖が下斗米を苗字にしたという類である。ゆえに筆者は南部贔屓でも大作の心酔者でもなく、北海道人の立場で蝦夷地警備・国防の立志を抱いた青年・相馬大作の生き様と歴史的背景を探求したく執筆したものである。本書が旧南部(岩手県)と津軽(青森県)の人々の間に新たな亀裂を生むことなどがないよう願う次第である。

装幀　鈴木美里

文政四年の激震〈相馬大作事件〉——目次

終章

大作の遺志継承者……187

基本用語・史料について

■藩名

歴史に詳しい方は諸大名の領国を表す「〇〇藩」という名称に疑問を抱く方があろう。江戸時代の公的用語には諸大名の領国を表す「藩」という言い方はなかった。「藩」という名称は、明治政府が旧幕府領や旧大名領を呼び表すのに用いた行政区分の名称である。明治初期に用いられた「藩」という行政区域名は、その後の廃藩置県で「藩」から「県」へと変更された。

ところが、歴史家や小説家などが、論文や作品で江戸時代の大名領を「藩」としたため、現在では教科書や論文などでも「藩」という名称が一般的となっている。そうしたことを鑑みて本書では時代にかかわらず「藩」で表記することにした。

■「南部藩と盛岡藩」「弘前藩と津軽藩」

「南部藩」の「南部」という名称は、甲斐《かい》国南部郷《なんぶごう》から奥州に入部した南部氏に由来する。

「盛岡藩」の「盛岡」という名称は、文化六年（一八〇九年）に盛岡城主・南部利敬が、将軍からの侍従昇進の御内書の宛名が「南部大膳大夫」から「盛岡侍従」に改まっているのを見て、外様大名から国持大名に昇格したと早合点して歓喜したことに端を発する。利敬はその記念として南部家菩提寺「聖寿寺《しょうじゅじ》」に五重塔を建立し、「南部領」を「盛岡領」に改め、荷札や公文書・書簡の宛名を「盛岡」に改めるよう家臣や領民に徹底したのである。

しかし家臣や領民は「盛岡」よりも慣れ親しんでいる「南部」という名称を使い続けたため、現在に至るまで「盛岡領（藩）」と「南部領（藩）」が混用され続けている。

一方、「弘前藩」ともいう「津軽藩」の場合は、寛永五年（一六二八年）に津軽氏の居城である「鷹岡城」が「弘前城」に改名されたことを機に、「弘前領」という名称が用いられるようになったが、こちらも「津軽領（藩）」と「弘前領（藩）」の名称が混用されている。

本書では煩雑さを避けるため時代を問わず「南部藩」

「津軽藩」と表記する。

■年号・月日

本書の年号は元号を用いてその後に（ ）で西暦を記している。日付けは旧暦を用いているが、旧暦（陰暦）と新暦（太陽暦）には一カ月と数日の誤差がある。たとえば新暦の令和元年（二〇一九年）五月五日は旧暦では四月一日に当たる。「赤穂浪士事件」は、旧暦の元禄一五年（一七〇二年）一二月一四日だが、新暦になると翌年の一月三〇日となる。

■蝦夷地名

江戸期の地名表記と同様に、和人地は漢字、東・西・北蝦夷地はカタカナ表記とする。

◉和人地＝渡島半島部領域――松前城下より北は熊石・八雲町（西在）まで、東は函館亀田（東在）までが境界。和人地から見て本州を「内地」、以北を「奥地」と称した。

◉東・西蝦夷地――奥地を知床半島の先端と渡島半島を線引きして、太平洋側を「東蝦夷地」、日本海・オホーツク海側を「西蝦夷地」と称した。

◉北蝦夷地――樺太島（現・サハリン島）の別称。

■武士の姓氏

武士名は、氏（苗字）と通称・諱《いみな》で成る。主人公の下斗米秀之進将真の場合、下斗米が「氏」、秀之進が「通称」、将真《まさざね》が「諱」になる。

武家官位が授けられた場合は、氏に官名（守《もり》・頭《かみ》・将監《しょうげん》など）が付く。例えば夏目左近将監信平、大岡越前守忠相など。歴史史料などから知り得る限り氏と諱で表記し、諱不明の場合は通称か官名とする。同時期に同官名は禁止され、官位が昇格の場合に官名も変わるが、最期の南部藩主・利剛《としひさ》の官名が左近衛権中将から美濃守に変わり、南部藩御用商人・美濃屋（日詰）は恐れ多いと屋号を幾多屋に変えた例もある。

■引用した史料の表記

漢文調は読み下し文に改め、カタカナや平仮名にした。

句読点を適宜補い、著者による補足は〔 〕で入れた。

主な登場人物

■相馬大作＝実名・下斗米秀之進将真《しもとまいひでのしんまさざね》

（寛政元年〔一七八九年〕～文政五年〔一八二二年〕）

寛政元年、南部藩福岡御給人（一〇〇石）ながら雑貨商「平野屋」を営む下斗米宗兵衛《そうべえ》の二男に生まれる。向学心に燃え出奔して江戸に遊学。国防の立志を抱き、帰郷して練兵道場を開く。何度も改名・変名があり（左

相馬大作肖像（簗部善次郎著『相馬大作年譜考』より）

	姓氏	時期	事由
幼名	下斗米雷助	寛政元年（一七八九年）～	誕生のとき稲妻が走るの伝承（来助とも）
成人元服	下斗米秀之進（諱《いみな》）将真《まさざね》	享和三年（一八〇三年）～	元服（一五歳）で改名（通称）将は、始祖平将門からか？（実名）
変名	中山門藏 中山美（三）保助	文化九年（一八一二年）～	旗本夏目家の用人のときの変名。夏目屋敷の近くに津軽藩江戸屋敷があり偽名を用いたのか？
	為之助 小一郎	文化一〇年（一八一三年）～	御家人松川紋左衛門の娘・芳と結婚 居宅・浅草蔵前水野出羽守空屋敷
復名	下斗米秀之進	文化一一年（一八一四年）～	帰郷後復名、妻、磯に改名
改名	下斗米大作	文政三年（一八二〇年）～	道場「兵聖閣」を前平に開設した後、改名
改姓	相馬大作	文政四年（一八二一年）～	江戸に逃れ改名。妻、綾に改名。先祖の姓氏名乗る（平氏→千葉氏→相馬氏）
字号	形水・子誠		ほかに齋・縦雄子

表)、本書では煩雑を避けるため時代にかかわらず「相馬大作」の名称を用いることにしたい。

■夏目《なつめ》長右衛門《ちょうえもん》信平《のぶたみ》
(明和七年〔一七七〇年〕〜天保四年〔一八三三年〕)

譜代旗本家(家禄二〇〇〇石)に生まれ、夏目宗家の家督を継ぎ、西丸小姓組《にしまるこしょうぐみ》や本丸小姓組などを経て松前奉行(官名・左近将監)に就任。

文化三年(一八〇六年)、相馬大作を夏目屋敷の槍術道場の塾弟に迎え、用人として抱える。

■平山行蔵(宝暦九年〔一七五九年〕〜文政一一年〔一八二八年〕)

伊賀同心服部半蔵配下の平山清左衛門の後裔で、伊賀同心(御家人)平山甚五左衛門《じんござえもん》勝壽の長男。寛政五年(一七九三年)昌平坂学問所で学んだ後、御請負役見習《おうけおいやく》(昌平坂学問所・聖堂出役)となるが、算盤勘定が性に合わず辞職。形式や迷信に囚われず、実戦的な練兵や戦術の諸師に学んで独自流派を創設し、四谷北伊賀町の自邸を道場に武術「講武実用流《こうぶじつようりゅう》」、剣術「忠孝真貫流《ちゅうこうしんかんりゅう》」、兵学「講文実学派《こうぶんじつがくは》」の看板を掲げた。

文化四年(一八〇七年)、夏目から相馬大作を塾弟に預かり、後、大作は筆頭師範代となる。

■細井萱次郎知機《ほそいかやじろうともちか》
(寛政一〇年〔一七九八年〕〜文政三年〔一八二〇年〕)

元禄年間の儒者細井廣澤は曾祖父。文化八年(一八一一年)、平山道場に入門、筆頭師範代の大作と義兄弟の契りを交わし、練兵道場「兵聖閣」建設に協力。後に大作の蝦夷地探査にも同行した。

浜松の第二兵聖閣の建設を目前にして、南部福岡の大作へ報告に向かう途上で客死。

序章

激震

文政五年（一八二二年）正月一九日早朝、蝦夷地・松前城下は「グラリ、グラグラ」と大きくと揺れ、民家の柾葺き屋根の置石がゴロゴロと路地に転げ落ちた。

城下の人々は年末年始から小さな揺れを感じていた。しかしなすすべもないまま、その日を迎えた。箱館東方の噴火湾越しに見えるオガリ山（有《う》珠《す》山域）の噴火が始まる兆候であることをそのときは誰にもわからなかった。

オガリ山が噴火し火口から吹き出た火砕流は裾の村々を襲った。アブタ（現在の洞爺湖周辺）請負人の和田屋茂兵衛や御用牧場の牧士・村田定五郎、大勢のアイヌの人々と放牧されていた馬千頭余が火砕流に呑み込まれた。

飛脚によって松前奉行の夏目信平に被災地からの情報が寄せられた。夏目はすぐに松前や江差周辺の役人らを招集し、アブタ救援に向かわせた。

前年の年末、二〇年にわたって幕府が「天領」として直轄していた蝦夷地全島を、松前藩に返還することが江戸で決まった。その知らせに、松前の奉行所は騒然としたが、松前の町民たちは松前復領を手放しで喜んだ。そうしたさなかの大災害であった。

陸奥国伊達郡梁川に転封されていた松前藩は、蝦夷地復領の歓喜に沸き、災害のさなかにあっても一月末には勘定奉行・工藤八郎右衛門を引き継ぎの使者として松前に送り込んだ。

松前奉行所内は、連日の救援活動でそれどころではなかった。

二月一日、松前藩主・松前章広は将軍・徳川家斉《いえなり》に拝謁した。家斉から章広の継嗣・松前道広を従五位下主計頭《じゅごいげかずえのかみ》に任じて四月に蝦夷地一円を引き渡すとの下知があった。

三月、災害復旧で忙殺される中、夏目松前奉行に蝦夷地の引き渡し作業を急ぐよう江戸の老中から指示が届く。

夏目奉行にはもう一つ難題があった。前年の四月末、かつて夏目の家臣であった相馬大作が、津軽藩主・津軽寧親《やすちか》を就封（参勤帰路）途上に待ち伏せ要撃するとの前代未聞の事件を起こしたのである。

これを「相馬大作事件」というが、芝居や講談では「檜山《ひやま》騒動」として演じられる。

この事件には、幕府の蝦夷地直轄や松前藩の転封と復領、遠く欧州でのナポレオン戦争にまで関わる複雑な背景が絡み合うのである。

まずは、南部藩と津軽藩の積年の確執とはどのようなものか、両藩の成り立ちから述べていくことにする。

第一章　南部藩と津軽藩

南部藩と津軽藩の敵対関係は戦国時代に始まるが、その後も争議などが繰り返しあり、南部藩主は勿論のこと家臣や領民にまで及ぶ確執が長く続くことになる。

第一節　南部藩と津軽藩の成立

1　鎌倉幕府の藤原氏征討

文治五年（一一八九年）、源頼朝が平泉に逃れた弟・義経を匿った藤原氏を討伐した奥州合戦のとき、甲斐国（現・山梨県）の豪族・南部光行が参陣して武功を上げ、後に奥羽を拠点としたのが南部藩の始まりである。

その後、後醍醐天皇による元弘の乱（元徳三年〔一三三一年〕〜元弘三年〔一三三三年〕）で鎌倉幕府が打倒されて治世が変わり、南部光行は北奥羽奉行に抜擢されて南部一族は奥州一帯に勢力を広げ、次代の南部晴政が当主を継ぐことになる。

2　南部一族の内紛と確執

天正一〇年（一五八二年）、南部晴政の没後に晴継が当主となるが、謎の暴漢集団によって暗殺される。後継に九戸政実《まさざね》の弟・実親《さねちか》が候補に挙がるが、有力一族を率いる南部信直が当主となって、政実とは敵対関係となる。晴継の暗殺は信直によるものと言われる。

信直は三戸城を居城に北奥羽全域（現・岩手・青森・秋田県）に勢力を広げて、「南部家中興の祖」と言われるようになる。

ところが、天正一六年（一五八八年）に津軽郡代補佐の大浦為信（後の津軽為信）が、家中の内紛に乗じて信直を裏切り、津軽全域を掠奪して津軽藩の始祖となる。

このことが、南部家と津軽家が対立関係となる発端である。

3　小田原征伐での先陣争い

天正一八年（一五九〇年）、津軽為信は南部藩を出し抜いて小田原に参陣し、豊臣秀吉にお目見えして津軽三カ郡（平賀・鼻和・田舎、四万五〇〇〇石）の所領を安堵された。

後れを取った南部信直は、前田利家の取りなしでお目見えが叶うが、南部所領と認められたのは、七カ郡（糠部・閉伊・鹿角・久慈・岩手・紫波・遠野）でしかなかった。

前田利家の仲介への恩を忘れぬため、南部家の歴代当主名に「利」の一字が継がれるのはこのときのことによるもの。

しかし、もともと自領の津軽全域が、公式に津軽領に認められて失領したことで、津軽藩への恨みつらみはさらに深まったのである。

4 奥州仕置の九戸政実の乱

天正一九年(一五九一年)、豊臣政権に従わぬ九戸政実を征伐する奥州仕置のとき、南部信直と対立する政実はわずか五〇〇〇人足らずの兵で難攻不落と言われた九戸城に籠城し豊臣軍を苦戦させた。当然、信直は豊臣軍に加勢して戦い、その戦功によって失領した津軽三カ郡の代替地として、和賀・稗貫郡の二郡が加増されて一〇万石大名(外様中藩)に昇格し、南部藩の本拠地を三戸城から九戸城(後の福岡城)へ移した。

南部藩領の広大さを「三日月の円くなるまで南部領」と表わす文句は、藩境を一周するのに三日月が満月になるまでの日数(一四日)を要するとの意味である。

しかし、領地は広いが地味は肥えておらず、太平洋からの寒風で冷害・凶作が続く土地柄で、南部氏統治一六代二五〇年間に起きた飢餓は七六回もあり、百姓一揆が多発するなど藩財政が逼迫する中、蝦夷地警備命令があった文化年間には破綻寸前となる。

慶長五年(一六〇〇年)の関ヶ原の戦いで南部信直は、上杉景勝との交戦に加わり、家康から外様大名と認められた。本領は安堵されたが、表高一〇万石はそのままで加増はなかった。

一方津軽藩は、大垣城攻めの論功行賞で上野国新田郡大舘領二〇〇〇石(現・群馬県太田市)が加増され四万七〇〇〇石の外様大名に昇格し、高岡城(現・弘前城)の築城が許された。

こうした軍功の差に津軽藩に対する南部藩の恨みは増し、くすぶり続けることになる。

津軽藩からすれば、戦国時代には、元家来筋の裏切りであっても、機を見て敏に動き世を渡るのが下克上の世で身を立てる常套手段であり、南部藩に恨まれるおぼえはないという思いもあっただろう。その後も津軽藩は巧妙に幕府に取り入っていく。

第二節　南部・津軽の藩境問題

1　越境盗伐事件「檜山騒動」

正徳四年（一七一四年）、津軽藩が南部藩境を越境し、檜《ひのき》を盗伐した事件が発生する。南部藩は幕府に津軽藩の行いを罰するよう訴え出るが、結果は南部藩の敗訴となった。この津軽藩の越境盗伐事件は「檜山《ひやま》騒動」と呼ばれて江戸庶民の話題となった。その後、講談や芝居などで「相馬大作事件」のことを「檜山騒動」と称されるようになったのは、檜山騒動が南部・津軽両家の犬猿の仲を象徴する事件とされたからだ。

「檜山騒動」の顛末を詳しく見ていこう。

事件の現場は、南部領の野辺地《のへじ》西方にある烏帽子山《えぼしやま》（現・青森県上北郡野辺地町）で、南部藩が財政を建て直すための植林事業で檜を植えた森林地帯である。

もともと両藩の境界線は、馬門沢と狩場沢の間（現・東津軽郡平内町・上北郡野辺地町・東北町の境）であり、烏帽子山は南部領に含まれていた。

元禄一六年(一七〇三年)一一月二三日未明、関東一円を襲った元禄大地震(推定マグニチュード八・一)による震災で江戸市中は火災に見舞われ、江戸城の一部も焼失した。

幕府は修復に必要な檜一万本を献上するよう南部藩に命じた。

奇しくも同年二月に赤穂浪士四六人(一人出奔)が切腹していたので、噂好きの江戸っ子の中では「浪士の怨念による震災」だとする流言飛語もあったという。

当時の南部藩は、凶作続きで多くの領民が餓死するなど、藩財政は困窮の極みにあった。

幕府の命令とは言え、檜一万本を切り出す労力と江戸へ運搬する費用の捻出は困難であった。直命を受けた江戸南部藩邸留守居役は、国元に相談するまでもなく独断で「我が藩は檜の北限につき、献上できる良材を産する檜山はございません」と丁重に辞退を申し出た。これを知った津軽藩は、長年藩境問題で揉めていた南部領烏帽子山へ越境すると檜を盗伐して我が産の檜と偽って幕府へ献上したのだった。

南部藩はこの卑劣な行為に怒り狂い、幕府に訴状を上申して訴訟となった。

正徳四年(一七一四年)四月、幕府役人正使の齋藤長八郎と新番士一七人、副使加藤安左衛門と御勘定一〇人が野辺地に派遣され、現地を検分し領民から事情を聞いた。

幕府江戸評定所で検討の結果、同年九月二日付けの「馬門山御境絵図御裏書」にて南部領馬門村と津軽領平内村の藩境争議の判決を申し渡した。

これがその判決主文である。

奥州津軽領平内村と、同国北郡南部領馬門村山論のこと、平内村百姓が訴え候は、往古より堀指山峯通し境を相分け候、然るに馬門村の者、近年境を越え猥りに木を切り取り候旨これを申す、馬門村の百姓が答え候には、間の山より堀指し通り芝崎道にしたがって二本又川の境塚まで領境に候処に、元禄年中御国絵図改め候節、争論におよび烏帽子山西の平、津軽領に相究まり、大澤を限り古来の通り境を立て来り候由申し候、論所が不分明につき、検使として齋藤長八郎・加藤安左衛門さし遣わされ、検分を遂げ候処、馬門村の領境に申立て候芝崎道山の半腹を通り、芝木を運び候細道にて、領分境に取り用いがたく候、平内村より明暦二年に津軽の役人連判これ有り、狩場澤村水帳を指し出しに付、地押の上帳面に引き合せ候へば、五ケ所の畑高五反五畝二拾二歩符合いたし、名所は助しらひ畑〔助白井畑　津軽側の呼び名〕と肩書これ有り、高内に紛れなく候、金山間符の儀は蟹田村の者、寛文九年七月より翌年四月まで堀り候旨を平内村は申し候、大浦村の者、同拾年極月〔一二月〕より翌年正月中旬まで堀り候由、馬門村は申に付、相改め候処、廣六尺余、深さ七・八間岩山を堀り候間、平内村が申し候日数相應に候、同十三年鳴地山にて馬門村の百姓、材木を切り取り候節、津軽領山廻り役人、搦め捕り糺明の上、馬門村へ相渡候へども、南部領より異儀におよばず候、延宝八年八月より極月まで論山にて、津軽領地頭用の木切り出し候かたがた、南部領が申す所をもって相立てず、津軽領地元に紛れなく候、これに依て二本又川の中央鳶ケ澤見通し、烏帽子山へ峯通しに墨筋をこれ引き、各々印判を加え、領分境を相定め候、然りといえども、馬門村より堀指村へ入り候古道筋、所々へ相分かれ、牛馬が通り候躰に候、その上、年久しく小屋跡ならびに掛置き候杣小屋教ケ所これ有り、数十年入会にて来ると相見え候間、向後、山手として毎年永銭三貫文を津軽領へ相納め、白石澤より堀指川通限り大森まで、馬門村の百姓入会とし、材木・薪・秣これを取るべく、元禄年中以後、白沢限り、烏帽子山へ馬門村は入会せざる旨申し上げは、いよいよもって烏帽子山へ入るべからず、よって後證となし裁許の趣き裏書せしめ、双方へ下だし置かせられ候間、永くこの旨を守り違失あるべからざるもの也

正徳四甲午年九月二日

伊勢伊勢守、水野伯耆守、水野周防守、大久保大隅守
中山出雲守、坪内能登守、松野壱岐守〔ほか略〕
(『祐清私記乾』)

この判決の要点は二つある。

一つは、「二本又川の中央鳶ケ澤見通しから、烏帽子山まで峰通しで藩の境界線を引くこと」、もう一つは、「馬門村より堀指村へ入る杣道《そまみち》は、馬門村が数十年来にわたって使用していた入会地への道と認められるので、今後は入山料として毎年永銭三貫文を津軽領へ相納め、白石澤から堀指川通限り・大森までに限定し、材木・薪・秣《まぐさ》を取ることを認める」というものであり、もともと南部領だったものを津軽領と無理矢理認めんとするための妥協案であったことが読み取れる。

幕府の調査によって、南部領と津軽領一帯が檜の群生地域であることが判明して、南部藩の献上辞退の嘘が明白となり、津軽側の主張に軍配を上げたものと思われる。

加えて、津軽藩は訴訟に先立ち、帳簿類の整備、藩境認識のための境界石の埋設など巧妙に既成事実を積み重ねている。訴訟に向けて綿密な布石を打っていたのだ。

津軽藩は南部領だった烏帽子山一帯を自領とする幕府の公認を得たばかりか、檜の献上で褒美まで手にしたのだった。

一方の南部藩は、物的証拠が不十分で全面敗訴した。その結果、津軽藩に貴重な財源である山林を掠め取られたうえ、津軽藩には幕府から褒美が下されたと聞き、「盗人に追銭」と、はらわたが煮えくりかえるような結末となった。

2 藩境訴訟問題の勝負の決め手

津軽藩は各藩に先んじて優れた西洋流測量術を取り入れていた。

それは、幕府の鎖国政策と国絵図事業に関係する。

慶長年間（一五九六～一六一四年）、徳川家康は江戸城下の土地割付を行い、全国の租税調査の検地や国絵図（藩領内図）の作製を諸国大名に命じたが、正確に測量した国絵図もあれば、目測による鳥瞰図のような絵図もあり、日本全国図に編集すると各藩の境界線が繋がらない不正確なものであった。

正保元年（一六四四年）、幕府は全国諸大名に、縮尺を共通の六寸一里（二万一六〇〇分の一）とする国絵図（領内地図・城図・郷村高帳）の作製を命じた。慶安四年（一六五一年）、国絵図所管の宗門改役（キリシタン禁教令取締）の北条氏長は、各藩の国絵図の精度の格差や未着手部分に苦慮しながら「正保日本地図・正保《しょうほう》城《しろ》絵図《えず》」を編集した。

当時の測量法には、中国伝来の「町見術《ちょうけんじゅつ》」（縄張り・歩幅測定）と南蛮（ポルトガル）宣教師が伝えた「南蛮流規矩術《きくじゅつ》」（コンパス・分度器測定）が使われていたが、寛永一六年（一六三九年）の南蛮船入港禁止から始まる鎖国令とキリスト教禁令により、宣教師伝来の医術や規矩術・天文術は妖術として禁止されたが、南蛮流も阿蘭陀《オランダ》流も技術的には全く同じものであった。

幕府は国絵図事に不可欠な測量術を公然と使い続けるため南蛮流の妖術を阿蘭陀流に偽装することを画策し、阿蘭陀流と標榜さえすれば使うことを許したのだった。このことは、後に相馬大作と深く関わることになるので、さらに詳しく説明しておきたい（以下、「規矩術」を「西洋流測量術」という）。

3　国絵図事業と津軽藩の規矩術師登用

寛文一一年（一六七一年）頃には、諸藩は検地や国絵図（領内図）整備のため規矩術師（以下、「測量師」）の採用を急ぐが、その術に優れる人材はまだ少なく各藩は競い合って招聘した。

天和二年（一六八二年）、津軽藩主信政は、測量師・金沢勘右衛門を御勘定役（金八両四人扶持）に、弟子・*清水太右衛門貞徳を並御勘定役（金六両四人扶持）に登用した。

津軽藩の『江戸日記』や『御国日記』には、二人に領内をくまなく測量させ、貞享三年（一六八六年）に『奥州津軽境図』を完成させたという記述がある。

貞享元年（一六八五年）、幕府は改暦と日本全図作製（国絵図事業）のため天文方を新設し、天文・測量術を諸藩に普及させることが急務であった。

その頃、儒学者・細井廣澤は、著書『秘伝地域図法大全書』で「測量」という造語を創案している。

廣澤とは後に相馬大作の盟友となる細井萱次郎の曾祖父に当たる。

元禄一〇年（一六九七年）、幕府は諸大名に正確な領内絵図と郷村高帳の提出を命じ、元禄一五年（一七〇二年）に老中・井上正岑《まさみね》と御用絵師の狩野良信が「元禄日本地図」を編纂した。元禄日本地図は正保以後の変化が詳細に描かれているが、地形の正確さでは正保日本図より後退したものとなった。

4　国絵図事業と測量術の普及

元禄一六年（一七〇三年）、南部と津軽の藩境問題は、この国絵図事業最中のことになる。津軽藩は他藩に先駆け測量師を登用し、正確な測量による領内図を幕府に提出していたので、訴訟は有利となった。一方の南部藩の国絵図は正確さに欠け、これが致命的な敗因となる。

享保二年（一七一七年）に将軍吉宗が佐渡奉行北条氏如《うじすけ》に「享保日本地図」の編纂を命じたが、方位が正確さに欠ける測量法のため、建部賢弘の望視方法（主要地点位置確定の交会法）を採用し、享保八年（一七二三年）になって「享保日本地図・再訂図」は完成した。

その後、幕府公認の清水流測量術は全国諸藩に普及するが、南部藩士・梁田物集女《やなだもずめ》が江戸の井藤太夫（与力）に師事するのは、ずっと後の宝暦九年（一七五九年）のことである。梁田に印可された清水流免許皆伝書は、南部別家三戸左京信居に献上されていることから藩命により習得したものであろう。

文政年間の免許皆伝書「規矩術伝来系図并入門束格式」には師匠の伝来系図と「規矩術本伝」「規

矩術別伝」「曲尺起」の教科別の免許料が（諸侯と旗本に差を付けた金額で）明記されている。

文政四年（一八二一年）に伊能忠敬が正確無比な日本地図「大日本沿海輿地全図」（伊能地図）を完成させたが、商人だった伊能も清水流測量術を学んでいたのかも知れない。

＊清水太右衛門《たえもん》貞徳《さだのり》
正保二年（一六四五年）～享保二年（一七一七年）。金沢勘右衛門《かんえもん》の師は兄・金沢清左衛門で、清水は勘右衛門の弟弟子である。島原藩家臣の清左衛門が長崎の樋口権右衛門（小林謙貞）に西洋流測量術を学ぶ。樋口の師は林吉左右衛門で、林は南蛮宣教師フェレイラ（帰化・沢野忠庵）から南蛮流規矩術を学んだ。よって、清水流測量術の開祖は南蛮流フェレイラである。

津軽藩辞職後、江戸の老中・稲葉丹後守正往（下総佐倉藩主）に抱えられ、諸大名の家臣らに測量術を教授する。幕府が御禁制の南蛮流の医術や天文・測量術を阿蘭陀流に偽装して普及する役割を稲葉が担い、宣教師が伝来の南蛮流を阿蘭陀流と標榜するには、阿蘭陀外科医カスパルを開祖に象徴する必要があった。カスパルは長崎出島外科医で、元は理髪外科医で測量術と無縁の者だった。御禁制の妖術を合法化する苦肉の偽装工作である。同時期に儒学者・細井廣澤が稲葉家の物書役に迎えられ、測量の伝来史と学術的な整合性をとって正当化する役割を担う。

後に廣澤自記筆写本の清水流秘伝書が曾孫・細井萱次郎から相馬大作に譲られ、砲術の射程測定に活用した。その後の秘伝書の行方が相馬大作事件の顛末に深く関わることになる。

第二章　幕藩体制と北辺防備

第一節　幕府が抱える諸問題

1　将軍・徳川家斉の治世

寛政から文化・文政年間は天下太平の世であり、寺子屋や出版物が増え民衆の識字率が高まり江戸文化の最盛期を迎えるが、大衆の意識が高まると公議を批判する言論や出版物が盛んとなり、幕府は厳しく規制するようになる。

一方、諸藩では凶作が続き百姓一揆や駕籠訴《かごそ》（直訴）、建白書（意見書）などが増え、さらに諸藩近海に外国船が来航し外敵の脅威が迫り、幕府は沿岸警備を強化するが鎖国体制の維持が難しい局面を迎えるようになる。

時の将軍は徳川家斉《いえなり》で、将軍在位は歴代最長の五〇年間（天明六年〔一七八六年〕〜天保八年〔一八三七年〕）で退位後も大御所として五年間実権を握り続け、官位を太政《だじょう》大臣にまで高めた。

家斉は一橋家徳川治済《はるさだ》の長男ながら、前将軍家治《いえはる》の嫡男家基《いえもと》が急死したため一四歳で将軍の座に就く。頑丈な体格と豪放な性格で大奥での享楽生活に耽ること久しく、側室四〇人に男子二八・女子二七人を数え、陰で「アザラシ将軍」と揶揄されていた。

ちなみに松前藩は、噴火湾で捕獲したオットセイの一物を将軍への献上品とした。「夫に精が付く」の洒落でもあるまいが、真面目に精力増強の効果があると信じられていたのだ。松前藩主と津軽藩主は親しき仲で、津軽藩主がその珍品をねだった書状が残されている（「松前家文書」北海道文書館所蔵）。

幕府は柳営《りゅうえい》（江戸城・大奥）の維持には莫大な経費が必要で、たくさんの子たちを大名家と養子・婚姻縁組とし、多くの持参金を持たせた。城中の儀礼・年中行事も華美で、将軍側近の重臣たちも贅沢を真似る始末であった。

将軍が政権の実権を老中首座に任せる執政が続いていた。そのため老中首座の奪い合いが起こり、交代の度に幕政方針がめまぐるしく変わった。

一方、諸大名も参勤交代や江戸藩邸の費用、幕府の手伝普請（天下普請）や将軍家への献上品などの費用が嵩んだ。もし将軍家との縁組ともなれば藩財政は火の車であった。

なかでも南部・津軽両藩では、新たに領内沿岸や蝦夷地警備を命じられ、莫大な借金を抱えて財政破綻寸前となり、財政改革や新田開発に努めるが焼け石に水であった。

2　老中首座争いと蝦夷地政策

幕藩体制で幕政運営の中心となるのは数名の老中職だが、将軍信任の老中首座が実権を握る執政者で、ときには専横による強行派もいた。

外交問題の中でもロシアが迫りくる蝦夷地の守備は、急を要する重要な問題であった。

老中首座の執政時代における蝦夷地対策方針は、どのようなものであったのか。

そんな時代背景の中で、ここに登場する旗本・夏目信平はどのような任務を果たし、また、家来として仕えた相馬大作にどのような影響を与えたのか。そしてどのような経過で津軽侯要撃事件が起きることになるのか。老中首座たちによる外交に深く関わるその蝦夷地対策の動向を見ていこう。

田沼意次

遠江相良藩主・田沼意次《おきつぐ》の老中首座在任期間は安永元年（一七七二年）～天明六年（一七八六年）である。

もともとは紀州藩の足軽の子で、紀州藩主徳川吉宗が将軍就任後に幕臣（小身旗本）に登用され、老中首座まで上り詰めた。執政では重商主義政策として株仲間奨励策や干拓・開拓・殖産・鉱山開発を行い、人事は能力主義で家格などにこだわらぬ登用手法であった。

田沼は賄賂政治家で政治腐敗の元凶と酷評されているが、その執政時代の重商政策では地方農村まで貨幣経済が浸透し、都市では華やかな文化が花開いた。

しかし、浅間山の噴火や天明の飢饉などの天災で百姓一揆や打ち壊しが多発し、政敵の松平定信に敗れ失脚した。田沼の蝦夷地対策はどのようなものであったのか。

田沼は天明五年（一七八五年）、仙台藩医工藤平助の『赤蝦夷風説考』でロシア事情を知り、国防と国力増強を図る蝦夷地開拓を目指し、蝦夷地全域調査のため「天明の蝦夷地探検隊」を三班に分け派遣した。その頃、旗本・夏目信平は、まだ一〇代の青年で将軍家斉の世子家慶《いえよし》の住む西丸小姓組に属し、城内警護をしていた。

松平定信　白河藩主・松平定信の老中首座在任期間は天明七年(一七八七年)〜寛政五年(一七九三年)である。

祖父・徳川吉宗の「享保の改革」を手本にした「寛政の改革」では、綱紀粛正令で倹約徹底(大奥・朝廷経費節約、民衆倹約)、異学の禁止(洋学禁止・出版統制)などを行うが、不況を招き、民衆に不満を抱かれた。そして将軍の逆鱗に触れる騒動もあって免職される。

定信の蝦夷地対策方針はどう変わったのか。それは蝦夷地を未開発の荒れ地のままにすることで、ロシアの侵入を妨ぐため自然の要塞とするのが基本的考え方である。

そのため田沼を失脚に追いやった後には、調査団に加わった幕臣らを厳罰処分し、調査内容とともに亡きものとした。その中でただ一人、臨時雇いの最上徳内だけが処罰から逃れ、その後も長く蝦夷地に関わり続けるのである。

寛政元年(一七八九年)にクナシリ・メナシのアイヌが蜂起したため、幕府は南部・八戸・津軽三藩に援軍派遣を命じたが、松前藩の二六〇余人の鎮撫隊が鎮圧したため、三藩の支援部隊派遣命令は中止された。

このとき、松前藩の鎮撫隊が南部馬一九頭をエトモ(現・室蘭市)に連れていったのが、後にアブタに官営牧場が開設されることになるきっかけとなる。

そして寛政四年(一七九二年)九月、ロシア使節ラックスマンが東蝦夷地のネモロ(現・根室市)に修好要望書を携え来航するが、幕府は再来航の禁止通告をして追い払った。

このとき、幕府は蝦夷地へ派兵や物資輸送の渡海口役所を津軽領三厩《みんまや》か南部領田名部《たなぶ》のいずれに置くかを検討した。その際に両藩の誘致合戦があり、南部藩は田名部上知を懇願して、田名部七湊のうち大畑・佐井湊の採用を目論んだ。これを「田名部上知問題」というが、藩主の独断に家臣や八戸藩主が大反対した。街道筋の宿場や人馬使役の義務により、藩の財政負担や冷害で飢餓が続く領民が疲弊するからである。

幕府は津軽領三厩に決定したが、その理由は、海峡を挟む三厩と松前間が最短距離であり、松前藩の参勤交代の航路にも使われ、街道筋の宿場や使役体制が整備されていたからであった。

定信は田沼の気ままな人材登用を家柄重視に改めようと、戦国から寛政年間までの大名・旗本・御家人らの系譜を再編集するため、将軍家光《いえみつ》時代の『寛永諸家系図伝《かんえいしょかけいずでん》』や新井白石の「藩翰譜《はんかんぷ》」を改訂すべく『寛政重修諸家譜』の編纂事業を発案した。

この頃、夏目はというと、将軍家斉の身辺警護にあたる本丸小姓組に転属しており、後に『寛政重修諸家譜』編纂に携わることになる。

そして大作は、寛政元年(一七八九年)に南部福岡の御給人の子に生まれ、幼少期から蝦夷地をロシア武装船が脅かし、蝦夷地警備を命じられた南部藩士らの隊列が奥州街道を行軍する光景を見て育った。藩士の隊列が福岡を通過するたびに、その勇姿に憧れを持って見送っていたのだった。

松平信明

三河吉田藩主・松平信明《のぶあきら》の老中首座在任期間は寛政五年(一七九三年)~享和三年(一八〇三年)である。

幕政方針は定信の寛政の改革の方針を受け継ぐもので、蝦夷地対策問題には積極的に対処した。

また、定信発案の『寛政重修諸家譜』(一五二〇巻)の編纂を続行するため、寛政一一年(一七九九年)に若年寄・堀田正敦《まさあつ》に編纂総裁を命じ、昌平坂《しょうへいざか》学問所の大学頭林述斎《じゅっさい》を中心に進めた。

各大名や旗本ら幕臣に先祖代々の履歴を提出させ、家柄重視の人事登用の選考資料として使う目的があったことは明らかであった。

しかし、信明が権力を強化しようとしたことで、将軍家斉とその実父・徳川治済《はるさだ》の不評を買って軋轢が生じ、病気を理由に辞職する事態を招いた。

信明が執った蝦夷地対策は、次のようなものだ。寛政一〇年(一七九八年)、幕府が東蝦夷地直轄を考え現地調査に踏み切るちょうどその頃に支払勘定方(関東郡代付出役)の近藤重蔵*が提出した「北方調査の意見書」が認められ、近藤は松前蝦夷地御用取扱に任じられた。近藤は最上徳内らとエトロフ島調査と開拓に従事した。漁場開設、郷村制なども実施し、エトロフ島に「大日本恵土呂府」の木柱を立てた。

このとき高田屋嘉兵衛*を蝦夷地御用船頭に任じ、クナシリ島とエトロフ島間の航路開発を命じ、高田屋は漁師のアイヌの人々から島々の形状や地名を聞き取り「チュプカ(東)諸島図」を作製した。

寛政一一年(一七九九年)、幕府は東蝦夷地仮上知のため松前藩から召し上げて、蝦夷地御用掛を置いて東北諸藩に沿岸警備を命じた。

南部藩は蝦夷地警備に備え、盛岡城下に「北地御用所」を設けて、大砲・鉄砲・艦船四隻を製造し、クナシリ島方面に約五〇〇人を派遣した。

寛政一二年(一八〇〇年)、八王子千人同心*に東蝦夷地警備と開拓を命じ、同心の厄介者(二男・三男)

がユウフツ・シラヌカにそれぞれ五〇名が駐屯した。屯田兵の先駆けである。

この年、伊能忠敬*は全国測量に先駆け、東蝦夷地の沿岸測量を行いニシペッツ（現・別海町）に至っている。

享和二年（一八〇二年）、蝦夷地の非開発方針を転換して、蝦夷地開発のため蝦夷地奉行を新設する

*近藤重蔵　明和八年（一七七一年）、御先手組与力の三男に生まれ、幼児の頃から神童といわれた。寛政二年（一七九〇年）に御先手組与力に出仕、寛政六年（一七九四年）に湯島聖堂の学問吟味に合格し、長崎奉行手付出役や江戸で支払勘定方へと栄進する。その後、蝦夷地御用として五度の蝦夷地調査で蝦夷地図の作製やルベシベツ山道（現・広尾町）を開くなどした。

*高田屋嘉兵衛　淡路島生まれで兵庫津の船乗となる。寛政一〇年（一七九八年）廻船商人として蝦夷地の箱館に拠点を構える。松前城下の利権は近江商人が握り、新参者参入の余地はなく松前三湊の松前・江差・箱館の中で箱館を選ぶ。辰悦丸外四艘の船でエトロフ島に渡り十数カ所の漁場を開きアイヌの人々に漁法を教えた。近藤重蔵に見込まれクナシリ・エトロフ島間の航路を開拓。ゴローニン事件でカムチャツカに連行されるが、日露交渉の間に立って事件解決へ導く。享和元年（一八〇一年）、エトロフ航路発見と開拓の功で、幕府から「蝦夷地定雇船頭」を任じられ、苗字帯刀を許される。大坂奉行に蝦夷地産物売捌方を命じられ、「高田屋」は漁場運営と廻船業で巨額の財を築き、松前や江差商人を凌ぐ勢いがあった。私財を投じて箱館開発や発展に大きく貢献した。

*八王子千人同心　もともとは甲斐武田氏の家臣で、後に徳川家康に召し抱えられ、軍事集団の役割を担い八王子城下に配置された。文禄二年（一五九三年）に千人町の拝領屋敷地に移転し、慶長五年（一六〇〇年）頃に一〇〇〇人規模となる。「千人頭」は旗本格で知行地を拝領し、配下の同心には手当が支給されたが、農業に従事して年貢を納めた。「千人同心」の役割は、八王子の治安維持や国境警備で、大きな合戦があれば従軍し、関ヶ原の戦いや大坂の陣に出陣した。江戸城が攻められ、将軍が半蔵門から甲州街道を経て甲府城に逃れるとき、「千人槍同心」が街道を警備するため八王子に配置された。慶安五年（一六五二年）から日光東照宮の火の番を命じられ、防火と警備にあたった。

*伊能忠敬　上総国山辺郡小関村（現・千葉県九十九里町）の名主小関家に生まれ、造酒屋・伊能家の婿養子となり家督を継ぐ。隠居後五〇歳にして幕府天文方・高橋至時に弟子入りし、天文・測量術を学んで、寛政一二年（一八〇〇年）から文化一三年（一八一六年）まで日本全国を測量し、没後間宮林蔵等門弟の手で正確な『大日本沿海輿地全図』を完成させた。

が間もなく箱館奉行に改組した。

寛政八年（一七九六年）、夏目は西丸小姓組に配属され、『寛政重修諸家譜』の編纂に参与することになる。夏目本家当主として、分家衆夏目八家と紀州夏目家等を招集して、一族の系譜の整合と夏目家代々の墓所を六栗《むつくり》「明善寺」に定め、先祖三代の墓碑と顕彰碑「忠臣吉信公之碑」を建立した。それを機に始祖吉信の没後一九四年大法要を準備するが、石工に預けた顕彰碑建立代金が酒代に使い込まれて法要は頓挫した。

3　外交問題と蝦夷地対策

ロシア修好使節の長崎来航

享和四年（一八〇四年）二月、元号は「文化」に改元された。易占いで六〇年目の甲子の年は政治上の変革が起こる運との「甲子革命《きのえね》」が理由である。

その迷信どおりになったのか、文化元年（一八〇四年）九月、長崎にロシア帝国使節のレザノフが日本の漂流民を連れ、国交通商を求めて来航した。

松平信明後任の老中筆頭・戸田氏教（大垣藩主）は、目付・遠山景晋《かげくに》*を長崎に派遣し、通商許可は清国・朝鮮・琉球・オランダに限ると厳しく対応させ、レザノフに漂流民を乗せたまま退去させた。

幕府は対外政策の方針を海防から蝦夷地の領土化、鎖国の励行を重点化し、北辺警備強化のため南部・津軽藩に東蝦夷地の常駐警備を命じた。

文化元年（一八〇四年）には、ユウフツ・シラヌカの警備に入植していた八王子千人同心らは、寒冷地で開拓・警備はままならず、屯田政策は失敗し同心らは箱館奉行支配下に配置された。

文化三年（一八〇六年）一月、幕府は「ロシア船撫恤《ぶじゅつ》令」を発布し、ロシア船発見の場合は穏便に退去させて、必要とする薪や水、食糧は与えてよいが、絶対に上陸させないことを徹底するよう諸大名に通告した。要するにロシア船を打ち払えということである。

しかし、直後の四月に戸田老中首座は急死し、後任は老中職の中から牧野忠精（越後長岡藩主）となるが、外交問題には全く対応ができず年内のうちに前任者の信明を復帰させた。

大作の江戸遊学

南部領福岡生まれの大作が六歳のときに父に連れられていった親戚の法事の座談で、津軽藩の度重なる卑怯な振る舞いに激怒する話や蝦夷地警備から戻った親類藩士の体験談を興奮して聞いたという逸話がある。

少年期に足沢定右衛門に戸卜一心流剣術を、下斗米与一右衛門に新当流槍術を師事して日々の鍛錬に励んだ。

享和三年（一八〇三年）、向学心に燃える大作は元服を迎え、父に盛岡城下への遊学を望み、戸来弓人の深輪流兵学塾への入門を許された。

しかし、兄弟子たちが日々机上空論に明け暮れるのに幻滅し、得るものなしと見限って一年足らずで帰郷を決意した。

＊遠山金四郎景晋　通称の「金四郎」は子の遠山景元に継がれ、景元は江戸町奉行の「桜吹雪の金さん」で知られる。景晋は寛政・文化年間に蝦夷地に二度派遣され、全国中を東奔西走して長崎奉行や勘定奉行を務め幕府の外交政策の第一線を担った。文化・文政の蝦夷地直轄期には勘定奉行であった。

文化三年（一八〇六年）五月二九日、大作は福岡での諸流稽古試合で新当流槍術の後見（見学）人に名を連ねるが、周囲がその準備で慌しいのを見計らって出奔を決行した。

江戸に着くと父が懇意にしている「美濃屋*」金子氏を訪ね、しばらく逗留することを許された。その九月、美濃屋主人は大作の遊学志望を叶えるため平山行蔵の高弟で大島流槍術の達人の旗本*・夏目信平の道場の塾弟となるよう計らった。

大作は夏目に武術の才を見込まれ、住み込みの家臣見習いに迎えられ、名高い平山行蔵の高弟にして、蝦夷地政策に関与する幕臣との運命的な邂逅に恵まれた。

真夏炎天下に津軽藩下屋敷を探り廻る内に、黒塀の熱射に倒れて夏目家人に介助されたのが縁とする一説は、後の芝居かなにかの筋書きである。

夏目家の屋敷は本所南割下水《みなみわりげすい》邸《や》（本所二ツ目）にあり、門前に津軽藩下屋敷があったので用心して南部固有の下斗米姓を名乗らず変名を用いている。

ロシア武装船の蝦夷地来襲

文化四年（一八〇七年）三月、幕府は松前藩の西蝦夷地を上知して蝦夷地全島を幕府直轄地とし、松前藩を奥州梁川（現・福島県伊達市）に移封させ、東蝦夷地を南部藩に西蝦夷地を津軽藩に常駐させて警備させることにした。

幕府はエトロフ島シャナに会所を置きロシア船の来襲に備えて、陣屋の守備兵には箱館奉行所役人と南部・津軽藩士（総勢二三〇人）を配置した。その中に八王子千人同心の石坂武兵衛《いしざかたけべえ》の姿もあった。

守備兵を配置して間もない四月下旬、エトロフ島沿岸にロシア武装船二隻が出没し、ロシア兵が上陸してシャナの番屋や会所を焼き討ちする事件（「文化《ぶんか》露寇《ろこう》事件」）が起きた。

この事件はロシア側の一方的な戦いに終わり、陣頭指揮を執る幕臣や南部・津軽藩兵は応戦もせずに退散する始末だった。南部藩海防御用の火業師《ひわざし》（砲術）・大村治五平《じごへい》らは捕虜となった。

指揮官の箱館奉行支配調役下役・戸田又太夫と関谷茂八郎は敵の圧倒的戦力に戦意を喪失し、間*《ま》宮林蔵《みやりんぞう》ら数人の徹底抗戦の主張を聞かず、ルベツ（エトロフ島内）への撤退途中で戸田は自害した。

南部藩元陣屋の御物頭・千種庄左衛門と戸来左門（大作が師事した弓人の父）が同心を連れて、ネムロ方面まで出向き事態収拾に当たった。

五月一八日、箱館奉行の羽太正養《はぶとまさやす》はエトロフ島事件の報告を受け、急ぎ南部・津軽両藩へ増兵を、秋田・庄内・仙台・会津藩には臨時派兵を要請した。各藩は翌年までに蝦夷地全島（カラフト・クナシ

＊美濃屋　「美濃屋」主人の金子氏と下斗米氏との縁は古い。金子氏の遠祖は、美濃国武儀《むぎ》郡《ぐん》関村（現・岐阜県関市）の関ノ孫六の一族で、京都寺町に「美濃屋」を創業。宝暦年間に先々代の下斗米惣七が伊勢神宮参宮の帰路、京都の美濃屋の軒先で雨宿りしたのが縁である。その後、美濃屋は江戸室町と南部藩紫波郡《しわぐん》日詰に出店し、下斗米家は福岡に平野屋を開業して業務提携することになる（惣七著『伊勢参宮道中記全』宝暦一〇年（一七六〇年））

＊旗本・夏目家　始祖は、源頼朝の奥州征伐の功で、信濃国伊那郡夏目郷（現・長野県飯田市）の地頭となる。永禄三年（一五六〇年）、夏目国平は三河一向一揆で徳川家康に反逆するが、許され、三河・遠江国郡代となり徳川家に忠誠を誓う。元亀三年（一五七二年）、一二代目夏目吉信は武田信玄と家康の三方ヶ原合戦（現・静岡県浜松市）で、家康を名乗り武田軍に討ち入って忠死、家康は徳川家菩提寺「本宿法蔵寺」に石塔を建てて供養した。遺児に知行地として幡豆《はず》郡《ぐん》六栗《ろくくり》（現・愛知県幸田町）を与え、信平は七代目である。

＊間宮林蔵　常陸国筑波郡上平柳村（現・茨城県）の農民の子。幕府の利根川東遷普請のときに幕臣・村上島之丞に才能を見込まれる。寛政一一年（一七九九年）、雇われクナシリ場所（クナシリ・エトロフ・ウルップ島）に派遣される。蝦夷地で伊能忠敬と出会い測量術を学び、享和三年（一八〇三年）西蝦夷地を測量し地図を作製した。

リ・エトロフを含む）延べ約一万人を派遣することになる。

五月二一日、蝦夷地事情に精通する最上徳内《もがみとくない》が箱館奉行支配調《しらべ》並役《なみやく》に任じられ、シャリ駐屯の津軽藩兵一〇〇人の指揮を命じられた。

六月、幕府御用船がリシリ島沖でロシア軍艦に襲撃され、幕府は対応策に追われ、若年寄・堀田正敦を蝦夷地の防衛総督に任命し、江戸在府の箱館奉行・戸川安諭《やすとき》は蝦夷地に戻り、支配勘定・松田伝十郎らを宗谷に派遣した。

六月四日、幕府は目付・遠山景晋と使番ら一〇〇人と後発隊には若年寄・堀田と大目付ら約四〇〇人を派遣し、兵士用の兵糧《ひょうろう》米一万五〇〇〇石を江戸から箱館へ回送させた。

堀田は松前と江差を巡見し、ロシアの捕虜となりリシリ沖で解放された南部藩士・大村ら八名の取り調べをした。

同年八月、幕府は蝦夷地からの文書が頻繁となり、和人地以外の蝦夷地名が漢字の難字表記のため、仮名か片仮名にするよう通達を出している。

堀田は蝦夷地や奥州沿岸を巡視し、帰参して早々老中に奉行職増員や奉行所を使い勝手の良い松前へ移転するなど防衛策を具申した。

箱館が地の利が悪くて外国船の砲撃に弱く、防火力も弱いのに比べて、津軽側渡海口の三厩と（松前）福山は最短距離で物資や警備兵輸送に便利であること、梁川移封後の松前藩の役所や屋敷を活用すれば財政の節約ができることなどからである。

一〇月、箱館奉行所を松前に移し、松前奉行に改めて先任の戸川安諭・羽太正養奉行に加え川尻春之・村垣定行の二名を任命し一時的に四名体制にした。

一二月、エトロフ島事件で会所を放棄逃亡した関係者を江戸で厳しく取り調べて、奉行の羽太と戸川や役人ら多数が監督不行届、行動不明瞭、持場離脱、申立偽証の理由で厳罰に処された。応戦を主張した間宮林蔵は処分されず、臨時雇いから御雇同心格に昇進し、蝦夷地勤務に就いた。

大砲で応戦せず逃げた南部藩士・大村は、南部藩に帰されるが、蟄居処分により寺に幽閉《ゆうへい》(閉じ込め)された。大村は幽閉中に『私残記』を著し、事件の真相を家人に遺した。

同年、近藤重蔵が松前奉行出役として蝦夷地入り(五度目)して、リシリ島やサッポロ周辺を探索し、江戸帰着後に将軍家斉に御目見が許され、サッポロ地域の重要性を説き、発展の先鞭をつけた。

蝦夷地直轄と松前藩の梁川移封

文化四年(一八〇七年)一月、松前藩が転封されるとの情報に家臣や領民が反発する中で、松前城下五町内が全焼する福山大火が発生した。幕府に奪われるならばと反発する輩の放火との風聞が流れた。

同年四月、松前藩主・道広は蝦夷地の管理不行届で隠居を命ぜられ、梁川藩への移封が決まった。家格は外様大名一万石格から九〇〇〇石に減石されたため歳入不足となり、大規模な家臣の解雇を断行した。

＊最上徳内 出羽国の貧農の子で奉公先で学問を積む。田沼政権下の天明の蝦夷地調査の下人に雇われる。政権交代で関係者は処罰されたが徳内にお咎めはなかった。松前藩に隠密と睨まれ、蝦夷地へ渡る機会を南部領商家に婿入りし情勢を窺う。蝦夷地直轄後、松前奉行所の役人となる。蝦夷地渡海は九回に及ぶ蝦夷通である。後にシーボルトと密かに交遊するなど謎多き人物でもある。

実際には松前藩は場所経営や豊富な砂金・山林・漁場経営による運上金・商人からの献金などで内地の諸藩よりは財政は豊かであった。

財政激減のため家臣数を大幅に削減し、家臣団の家中諸士二二九名、足軽九六名、地侍役付者二四名を加えた家臣総数三四九名のうち二四〇余名を除籍して、梁川に連れていく家臣は一一一名とした。

文化五年（一八〇八年）二月、筆頭家老・蛎崎将監広年《かきざきしょうげんひろとし》（雅号・破響《はきょう》）は、藩士らに暇を告げるにあたって、

一　松前藩の蝦夷地帰還のためには手段を選ばず、今後も家臣が一丸となるように。

と檄を飛ばし、松前藩の復領実現を誓った。

藩主・道広は次のような訓示で家臣らを労った。


この度、御所換えに付き第一御家中御扶助の儀御思し召され、是まで通り御下金の儀公儀御嘆き御願い書差し出され候御叶いこれなく、この上願われなり候方もこれなく、御収納高にては如何様にも宛て行き是非も無き次第に付き、旧来の面々は何とも御不便御思し召され候えども誠にもって処する所なく御暇下され候。この旨相弁え行く末相凌ぎ候用仰せ出され候。

右に就いては差し当たり難儀致すべく御思し召され御不如意の内より御取り分候目録の通り

下され置き候。

この度、永の暇下され候人数左の通り、松崎多門、秋山角兵衛他締めて六十六人、人に付き金三十三両と米五俵宛て是を下さる。

三月十三日

このとき、松崎多門と秋山角兵衛の解職は松前家と無関係を装うためのもので、蝦夷復帰の実現の裏工作の密命に忠誠を誓い、お抱え商人たちに松前藩の蝦夷地復帰運動に誘い込む役目を与えられた。

道広の後継の藩主・章広は、梁川移封後の窮状に耐えきれず、幕府に藩の実情と松前へ次のように帰還願いを上申した。

謹んで接する按ずるに、斎明帝の御宇初めて渡島を計画してより爾来六百年余り中原多事是を海外に置く、長禄元年、藩祖武田信広建国以来数世の間屡蝦夷を攻略傭懲をなし土境を開拓遂に全島をして皇国の版図に帰せしめたり、如かして旧臣の大なる者数十家を存す、今や新封の歳入を持ってしては遍く是を扶養する事能はず凍域に臨ませる如きは誠に忍びざる処、情けの耐えざる処なり、更に寛典を垂れ殊恩を願う事

このように章広が訴えても許しはなく、それどころか傲慢な性格で常に幕閣に反発する態度であり、大大名や徳川一門との交際で派手な浪費が多く、大商人からの多額の借金で公訴が続出、藩財

政は破綻寸前にあったことを再三にわたり幕府から戒告されていた。

移封後も幕政に対し不謹慎な言動を繰り返し、復領願いを出す態度に幕府から永久蟄居（終身外出禁止）を命じられたのだった。

文化六年（一八〇九年）一月を迎えると西蝦夷地一帯は、東風《たばかぜ》といわれる北西方向からの強風で海が荒れ続け、岩内方面では十数隻の漁船が難破して六〇人ほどの犠牲者が出た。

二月には松前旧家臣や民衆らが松前奉行所への不満を暴発させ、徒党を組んでの一揆が起こり、役所や寺などへの放火が月に数十回も続いて町中が大混乱となった。

翌年正月を迎えても松前の治安混乱は収まらず、松前奉行は平穏を取り戻すために安全祈願や神楽奉納を行い、さらには不審者の取り締まりや町内の見回りを強化した。

浪人に身をやつす松前旧家臣の不満解消策としては、八〇人ほどを松前組同心に雇い入れることにして不満を沈静化した。

しかし、旧松前藩から幕府へ引き継がれた文書は西蝦夷地関係書類はほんの一部であり、金銀産出量や漁獲量など蝦夷地の場所経営の実態を推し量る手掛かりはなく、幕府の蝦夷地経営は手探り状態で行われた。

4　東北諸藩の蝦夷地警備

津軽藩の蝦夷地警備と殉難事件

文化四年（一八〇七年）五月、幕府は津軽藩に北方警備の命令を下し、津軽藩は充分な旅仕度もできないまま藩士や農民ら約三〇〇人をソウヤ場所に派遣した。

しかし、七月九日になってシャリ場所警備の命が下り、うち一〇〇人がシャリに配置された。予期せぬ越冬での駐屯を命じられ、急ごしらえの陣屋（三棟）を築造するが隙間風や雪が舞い込む粗末なものであった。

流氷の海にロシア船が現れるはずもない中、月に三度の射撃訓練を強いられ、炊事・水汲み・薪集めなど日常の雑事をする下役も病に伏せ、身分の別なく雑事や病人の看病に奔走するが、疲労と栄養不足で越冬中に七二人が死亡した。死因は野菜や魚などを摂ることができないことから起こった浮腫病によるものだった。

シャリから津軽へ帰還できたのは一七人で、生還者の一人である斎藤勝利が越冬中の悲惨な様子を『松前詰合日記』に書き残している。

現地で陣頭指揮を執っていた松前奉行所下役の最上徳内は無事生還している。

その後、文化七年（一八一〇年）に、厳寒期には北蝦夷地（カラフト）とソウヤ詰（モンベツ・アバシリ含む）の藩士らを温暖なマシケで越年させるための宿泊所を設けた。

会津藩の蝦夷地警備

文化五年（一八〇八年）一月、会津藩は五隊を編成し、軍監・丹羽織之丞隊をカラフトへ、番頭・梶原平馬隊をリシリへ、陣将・北原采女隊をカラフトへ、軍将・内藤源助信周隊をソウヤへ、二月に番頭・三宅孫兵衛隊を松前に順次出発させた。守備兵は総勢一五五八名だが、人夫や駄馬扱いなどを含めると約五〇〇〇名の大移動であった。

三厩湊では風待ちで出帆に一カ月を要した隊もあった。ロシア船は現れず、七月に帰国命令が出て、カラフト隊は船団六隻で松前へ向かう途中暴風雨で難破して多数の遭難者を出し、風土病「水腫病」による病死者は五一名に及んだ。

モンベツより厳寒のカラフトへ派遣された会津藩士らには幕府から珈琲豆が支給されていたため浮腫病による死者は少なかった(『会津藩の北方警備』)。カラフトのクシュンコタンに駐屯した藩士・金子勝高の手記『松前唐太諸控』には駐現地の様子や藩の役付名簿などが記録されている。

東北諸藩の蝦夷地警備体制

文化四年(一八〇七年)から翌年にかけての東北諸藩の蝦夷地警備は次のような体制で行われた。庄内・秋田・会津・仙台四藩の派兵は文化四年末には撤退して、翌年から南部藩が、東蝦夷地を津軽藩が西蝦夷地と北蝦夷地を警備することになった。

守備地域	守備藩	出兵人数	軍監(指揮者)・犠牲者
松前	南部藩 津軽藩 庄内藩	一三〇 三三〇 三一八	↓文化五年　東蝦夷地警備 ↓文化五年　南部・会津藩と交代(二〇〇)
箱館	南部藩 秋田藩	三四二 五九一	使番(派遣)小菅猪右衛門 ↓文化五年　仙台藩と交代(八〇〇)
江指(江差)	津軽藩	二〇〇	使番(派遣)村上監物
エトロフ島 クナシリ島	南部藩・津軽藩 仙台藩	二三〇 四八〇〇	文化四年四月幕府役人含む 西丸書院番頭　軍監・夏目信平
ネモロ~クナシリ島	南部藩	四七〇	文化五年頃ネモロ一三〇　クナシリ島三四〇

砂原～東蝦夷地	南部藩	七五〇	寛政一一年五〇〇人配置、二五〇人増兵 砂原三〇〇　ウラカワ一〇〇　アッケシ一三〇外
ソウヤ・シャリ～カラフト	会津藩	一三〇〇	小姓頭（派遣）山岡伝十郎、駐留中浮腫病死者 帰国途中に船団（六隻）遭難死者多数
テシオ～マシケ	津軽藩	五〇	
ソウヤ		二三〇	
シャリ		一〇〇	最上徳内、越冬病死八〇余名、帰還藩士一七名
クマイシ～タカシマ		一〇〇	
イシカリ～タカシマ	幕府直轄	奉行所役人	松前奉行

東北諸藩の派遣人数は、大名家の石高による軍役負担の違いで、大藩の仙台・会津藩は一〇〇〇人単位となっている。軍役の定めは参勤交代の行列人数にも同じく適用された。

5　夏目のエトロフ島派遣

文化五年（一八〇八年）二月、幕府は仙台藩にクナシリ・エトロフ島警備を命じ、夏目はエトロフ島の仙台藩士一二〇〇人を指揮する軍監役として、蝦夷地防衛総督若年寄*・堀田正敦から推挙された。夏目は死覚悟の出征を直前にして大作を平山行蔵に預けることにした。

夏目は自家で和歌を教える早川久敬（後の幕臣・児山紀成）を随従させたが、早川は従軍記録『蝦夷日記』やエトロフ島紀行『遊鼻陵記《ゆうびりょうき》』を著している。仙台藩の蝦夷地出兵記録『松前旧記』には夏目軍監のことや出張人名・病死者名・松前奉行所名簿のほか、出兵中の藩士らの和歌・連歌などの記録が見られる。

『蝦夷日記』にある夏目一行の旅程は次のようなものである。

文化五年正月二八日江戸千住出立、二月二七日下北半島佐井湊に到着、海路箱館湊到着二九日。仙台藩準備遅延、箱館湊出帆四月三日、エトロフ島フレベツ到着同月一七日

駐屯中は気候風土・食事に馴染めず二六人が病没、アッケシの国泰寺に埋葬している。また、エトロフ島ではロシア武装船は姿を見せず、平穏無事な日々が続いた。七月を迎えると帰還命令が届いて、仙台兵らと航路でエトロフ島からクナシリ島に渡り、七月二四日に蝦夷地本島のネモロに上陸したことなどが書かれている。

ネモロからは陸路で東蝦夷地を踏破して九月二日箱館に到着し、航路にて下北半島の佐井湊を経て奥州街道を上り一〇月一五日に江戸に帰着している。

6　平山行蔵の幕政批判

幕府が蝦夷地の難局に騒然となる中、江戸市中にもロシア武装船の蝦夷地来襲が知れ渡った。流

言飛語が飛び交い、民衆の不安が広がる。幕府は民衆の混乱騒ぎを鎮めるための御触書を布告した（林復斎著『通航一覧《つうこういちらん》』「魯西亜国部」）。

文化四年（一八〇七年）三月、平山行蔵の武衛流砲術の師・井上貫流左衛門は与力上席に登用され蝦夷地御用のオタルのタカシマ警備を命じられ、嫡男末五郎らと旅立つ間際、命懸けの任務と覚悟し平山と水杯を交わし遺言状を託した。

その五月、平山行蔵はエトロフ島での失態に怒りを込め、老中筆頭宛に蝦夷地警備強化策の建白書「上執政相公閣下書」を上申したが、全く取り合ってもらえなかった。

師匠・井上と門弟・夏目の蝦夷地派遣に触発され、「吾何を成すべきか」と奮起し、一騎当千の戦士となるべく門弟に厳しい鍛錬を強いた。

井上親子が蝦夷地御用から帰参し、オタル沿岸沖にはロシア船は姿を見せず、嫡男末五郎に鉄砲・砲術を指南する日々の様子を描いた『タカシマ風物絵巻物』と末五郎の『蝦夷地御用道中幷タカシ

＊若年寄・堀田正敦　仙台藩主・伊達宗村《むねむら》の八男で、近江堅田藩主（滋賀大津）・堀田正富《まさとみ》の婿養子となり当主を継ぐ。後に下《しも》野国《つけのくに》佐野藩に移封となる。
寛政二年（一七九〇年）に大番頭から若年寄に昇格、幼年の仙台藩主伊達周宗《ちかむね》の後見役を兼ね、四二年間若年寄に在任し、老中・松平定信の「寛政改革」を支えた。堀田は蝦夷地警備の緊急性を幕閣に報告し、仙台藩後見役の立場のため、率先して困難なエトロフ・クナシリ島警備に四八〇〇人の大旅団を派遣して模範を示した。
軍監に『寛政重修諸家譜』編纂で登用した夏目信平を推挙した。
名高い文化人と知られ、蝦夷地視察で『ゑぞ《エゾ》道記』（改題『蝦夷紀行』）、『陸奥紀行』、『堀田侯松前紀行』、『禽譜《きんぷ》』（鳥類図鑑、蝦夷地固有の「エトピリカ」や「エトロフウミスズメ」の色彩画を含む）を著す。国絵図・改暦事業を主管し、天文方・高橋至時や門弟の伊能忠敬と深く関わる。

マ戌防中日記』に蝦夷地事情の詳細を著した。

井上親子は、翌年二月に再び蝦夷地御用を命じられ、江差で松前奉行所役人らに砲術を指南したが、現地に勤務する最上徳内が弟子入りした。

7　イギリス軍艦の長崎侵入事件

文化五年(一八〇八年)八月、オランダ国旗を掲げたイギリス軍艦フェートン号が長崎に入港する狼藉事件が起きて、幕府はさらに外交問題の難局を迎えた。

さらにオランダと交戦国のイギリスの軍艦がオランダ国旗を掲げて入港し、オランダ商館員二名を捕らえ湾内探索のうえ薪水《しんすい》や食糧を強奪するオランダ船偽装事件*が起こる。

この事件に対して長崎沿岸を警固する佐賀藩兵は、何もできずにイギリス船をみすみす見逃した。失態を恥じた長崎奉行・松平康英は切腹自殺した。将軍や老中らは衝撃を受け、幕閣は海防政策強化の見直しの協議を続けた。このオランダ船偽装事件は後の「異国船打払令」発布の契機となった。

＊オランダ船偽装事件　幕府が鎖国をした時期は、中国・朝鮮のほかにオランダと国交を結び、交易や海外情報を得ていた。長崎出島のオランダ商館長は、年に一度、江戸に参府し将軍に謁見していたが、寛政二年（一七九〇年）からは四年に一度にして、海外情報を得る手段として「阿蘭陀風説書」の提出をさせていた。阿蘭陀風説書は、毎年、長崎入港のオランダ船が長崎奉行所を通じて幕府に提出する和文訳報告書で、唐船風説書とともに、鎖国期に海外知識を迅速に知る重要な情報源であった。

寛政七年（一七九五年）にオランダ本国はフランス・ナポレオン軍に占領され、寛政一二年（一八〇〇年）にはオランダ東インド会社と海外植民地がイギリスに接収されて、事実上はオランダ国は存在を失い、寛政九年（一七九七年）にはオランダ東インド会社は解散していた。

しかし、出島には傭船契約を結んだアメリカ船が文化六年（一八〇九年）まで入港し交易を続けていたが、そこにイギリス軍艦フェートン号が偽装潜入する事件が起きたのだった。幕府が国外情報を得るためオランダ商館と偽るアメリカ船の入港を黙認していたということであろうか。

文化八年（一八一一年）になってオランダ領東インドはイギリスに制圧されることになるのだが、オランダ国が再び独立するのは文化一二年（一八一五年）まで待たなければならない。その間、オランダ商館長ヘンドリック・ドゥーフは旧オランダ国旗を掲げて「世界唯一のオランダ国」を存続させた。

第三章　蝦夷地の場所経営と北辺防備の方針

第一節　幕府の蝦夷地直轄の経緯

1　松前奉行所の設置と組織体制

松前奉行所の設置　寛政一一年（一七九九年）、幕府は東蝦夷地を仮上知して書院番頭・松平忠明や勘定奉行・石川忠房ら五名に蝦夷地取締御用を命じ、享和二年（一八〇二年）に松前藩から東蝦夷地を召し上げ箱館奉行所を設置した。

文化四年（一八〇七年）には、北蝦夷地と西蝦夷地も松前から召し上げ、蝦夷地全島を直轄地として、箱館奉行所を松前に移転し松前奉行所と改称した。松前藩は仙台領の南方の梁川に国替えされた。奉行所を松前へ移転した理由は、箱館の立地条件や幕府の財政的事情によるものだった。箱館は物資流通拠点の利点はあるが、海上からの砲撃や大火による防火に難があった。また、奉行所や役人の屋敷を新築する資金も工面できなかったため既存の松前の家屋敷を使ったのである。

松前奉行配下に吟味役《ぎんみやく》、吟味役格、調役《しらべやく》、調役並、調役下役元締、調役下役、調役下役格らを置

き、奉行所や各会所、御用（官営）牧場に配置した。

松前表には御徒出役《おかち》や水主同心《かこ》、調役下役元締、沖ノ口掛《おきのぐちかかり》（海の関所）、御請負所掛、御武器掛、御台場掛《おだいば》を配置した。

荒波の津軽海峡を運航する御用船の水主《かこ》には、南部領大畑の船頭を任用した。箱館にも小規模ながら同様の体制を整え、和人地内の吉岡（現・福島町）と当別（現・上磯町）には沖ノ口出役を、熊石と山越内（現・八雲町）、セタナイ（現・せたな町）には出役が詰めた。ほかに汐首《しおくび》（トイ岬）の砲台場に警備掛を配置し、アブタ御用牧場にはユウフツ・シラヌカを引き揚げた八王子千人同心を牧士や牧士見習として任用した。

和人地の松前と箱館、江差の地元有力商人を町年寄と市中名主・問屋肝煎《きもいり》に任命した。

蝦夷地の海産物の流通経路は、北前船の寄港地の敦賀・越後を経由し大坂や長崎の御用達問屋に通じた。

松前藩の転封で失職し反発する元藩士や浪人を市中取締役の目明かし（岡引）や町方消防人足に任用し不満解消を図った（『新北海道史』）。

勘定方支配勘定の配置

文化五年（一八〇八年）、幕府は権力の分散と監視体制の強化を図るため、蝦夷地*御用立会に勘定方の御勘定や支配勘定を置き、政策立案や人事・予算・監査・警察権を厳しく取り締まった。御勘定組頭を江戸霊岸島《れいがんじま》（隅田川河口）蝦夷会所に置いた。

蝦夷地御用立会は、奉行所役人と同じく江戸勤番と松前勤番を一年ごとに交替するが、奉行所には江戸勤番せず蝦夷地に常勤する者もいた。

支配勘定・山木三保助は直轄開始から廃止まで松前に詰めた。老中宛ての「蝦夷地内密御用留」が、老中を歴任し備中藩主の阿部家文書（道立文書館所蔵）にある。

直轄領初期に松前会所詰の御普請役・松本又右衛門が勘定奉行に宛てた『蝦夷地御用内密留』には、松前奉行所役人等の連日の酒宴や華美な服装等の自堕落な生活振りを認めている。

御普請役・松本又右衛門の『蝦夷地御用内密留』
松本又右衛門差出候松前並道中筋共風聞書
「文化五辰十一月　日　摂津守え御直和泉守上る」
松前表え差遣候御普請役松本又右衛門差出候書付写
松前表並道中筋共風聞仕候趣左に申上候
松前表掛御役人の儀、当春迄は調役並びに下役・在住毎夜相集り酒宴を催し、酒狂の上遊女町え罷越候ものもこれ有る趣にて、毎夜会合の事故多分の入用も相掛り、在住家内持の内には

＊蝦夷地御用立会　幕府の勘定所は、幕府直轄地（天領）支配の地方官僚（郡代・代官）を指揮監督し、幕府財政や農政を管掌する中枢機関。蝦夷地御用立会で松前会所詰めは、御勘定、支配勘定、普請役で松前奉行所の財政・人事、風聞を調べ上げた「蝦夷地内密御用留」を江戸の勘定奉行所に逐次報告した。

＊会所　松前藩が請負場所に配置した運上屋（事務所・取引所・宿駅所）を「会所」に改称。奉行所役人が駐在し、下働支配人や番人を雇って交易や宿場、人馬中継の運営やアイヌの人々との交易や撫育同化政策を指揮した。
「東蝦夷地サマニ会所等の南部藩陣屋絵図」には、酒造蔵や神社、定住者の家屋などか描かれ町の機能が見受けられる。

甚だ迷惑に相心得候ものもこれ有り候得共、寄合酒宴等いたし候儀は、一体箱館表よりの仕癖の由にて、今以て兎角寄合酒宴等いたし候

趣にこれ有り、都て衣類等も美服を着し、下役・在住に至るまで専ら毛類の羽織・銀きせる等相用い候儀にて、至って風俗も宜しからず、右に准じ暮し方の儀も分限不相応なる趣に御座候

といった具合である。連日の遊興費や贅沢な羽織の代金は、役所の手当では無理な話で、文面からは松前や箱館の商人たちの陰がちらついていることが読み取れる。

蝦夷地経営方針の転換

蝦夷地の幕府直轄で、幕吏や警備の藩士らの往来が増え、道路の開削とともに道案内人や飛脚・人足・馬子・渡守の仕事に従事する出稼ぎ者が増え、南部藩番屋では酒蔵を造り南部杜氏を呼び寄せていた。

幕府の直轄の目論見は、北辺防備と場所経営による収益を財政に注ぎ込むことにあった。まず、長崎出島貿易で重要品目の俵物《たわらもの》（干しアワビ・煎りナマコ・フカヒレ）や昆布を安定的に確保し、豪商の勝手や密貿易で乱れる流通を統制し取り締まる蝦夷会所を江戸霊岸島に新設した。

そのため、松前藩時代の場所請負制度を自捌き制に改め、松前奉行が直接管理することにした。

さらには、関東地域では綿花栽培の肥料に蝦夷地の金肥（〆粕《しめかす》・ニシン魚粕）の需要が高まり、安定供給のため箱館から江戸へ回送するため太平洋航路を開き、大型の御用船を運航することにした。

文化四年（一八〇七年）、松前藩が場所請負制で経営する北蝦夷地と西蝦夷地を召し上げ、直轄する

ことになるが、奉行所内ではその経営方法について意見が分かれた。

奉行や吟味役・調役・調役下役は、東蝦夷地の非効率な自捌き制に反対し、請負制の現状維持を主張したが、吟味役・高橋重賢に従う下役らは東蝦夷地同様に直捌き制に改めることを強行に主張した。既得権や商人に対する裁量権を失い、自由気ままな公金の扱いができなくなることを恐れてのことだった。

しかし、自捌き制は民営の請負制に比べ手続きが煩雑で、経営観念に乏しい役人にとっては無用な出費が嵩み利益は伸びなかった。まさに「武家の商法」だったのだろう。

直捌きではアイヌの人々に供給する物資を商人から仕入れ、交易で得た産物を商人を経て販売するという諸経費が嵩む二重の手間を要した。

勘定奉行は、「交易は元来町人の生業で、相応の商家に委任し手当を与え、自力で仕入れさせ、仕入金高の幾分を利得として給与し、幕吏は監督するだけに留めたならば、経費や人員を節減できる」という意見だった。

一方の高橋ら古参役人は、「松前家支配下には、町人請負での弊害でアイヌの人々は不利益を被っていた。直捌き制には喜んで服従しているのに、旧に復すのは得策にあらず、商人任せの交易で手当や仕入金の支給で経費がさらに増加する」と対抗し、東蝦夷地では自捌きが続けられた。

しかし、西蝦夷地は「請負制」を続けることになる。請負制廃止となれば松前商人が生業を失い松前全体が衰退する心配があったのが理由の一つであった。

文化九年（一八一二年）、勘定奉行は老中首座に東蝦夷地の直捌き制の欠点や不正などの実態を報告し、老中首座は蝦夷地の経営体制を請負制度へ統一することを命じた。

この変更に不満を抱く役人の中に、請負商人と組み、巧みな手法で私腹を肥やす輩がいるとの風聞も流れた。

幕府は蝦夷地御用立会勘定に、人事権や財政権、監査監督権を厳しく行使し、経費節減と綱紀粛正の徹底を命じた。

しかし、豪商・高田屋嘉兵衛らの箱館商人が繁栄し、松前・江差商人らの蝦夷地経営に不満が高まり、松前復領運動を過熱させることになる。

2　松田伝十郎と間宮林蔵のカラフト探検

文化五年（一八〇八年）四月一三日、松前奉行・河尻春之は、調役下役・松田伝十郎*と支配下雇いの間宮林蔵にカラフト全域と山丹（黒龍江下流域）の探検を命じた。

ロシア大陸とカラフトが陸続きなのか、海峡で隔てられた単独島かの確認をさせる調査であった。松田は西海岸を間宮には東海岸を北上するよう命じ、一周して合流ができるかを確認することにした。松田はラッカ岬に至り、彼方に大陸を望み海峡の存在を確認した。間宮は途中で北上を断念し、西海岸へ横断してラッカから戻る松田と合流する。宗谷では河尻奉行が待ち構えていたが、間宮の命令違反を厳しく叱責し、単独で再調査するよう命じた。

間宮は再度ラッカまで行き、御禁制である大陸へ渡って調査を行い、中国とロシア国境付近まで探査したのである。

タタール海峡を日本語では「間宮海峡」の名称で呼ばれるのは、後にシーボルトが帰国後に持ち帰った蝦夷地図の大陸との海峡部に「マミアノセト」と記したことによる。

しかし大陸とカラフトを隔てる海峡の第一発見者は、実際は松田伝十郎であった。

文化八年（一八一一年）一月、間宮が松前帰着すると探査報告を同僚の村上貞助*が口述筆記した『東韃地方紀行』（北夷分界余話）と海峡が描かれたカラフト地図を幕府に提出した。

3　大作、蝦夷地警備の実情を知る

夏目は蝦夷地から帰還すると、西丸徒頭に抜擢されて蝦夷地の警備にも関わる任務が始まる。大作は主人の夏目から蝦夷地警備の実情やエトロフ島事件での一部始終を聞く機会に恵まれた。

エトロフ島の陣屋をロシア武装艦が襲撃したとき、警備する幕臣や南部・津軽藩士の誰一人として戦闘に加わる者がなかった。

南部藩士は古式の鎧甲に身を固め、装備は旧式の大砲や鉄砲が大半で、実戦訓練や試し撃ちも不十分で、陣幕内からロシア兵の襲撃を眺めるばかりであったと聞く。

＊松田伝十郎　越後国頸城郡鉢崎村（現・新潟県柏崎市）の貧農・浅貝長右衛門家の長男に生まれたが、道普請役の幕臣・大西栄八郎に才能を見出され、江戸に遊学し幕臣・松田伝十郎（先代）の養子になり、養父の家督を継ぐ。寛政一一年（一七九九年）、東蝦夷地直轄のときに勤務を志願し、文政五年（一八二二年）の直轄廃止まで松前奉行所に勤め蝦夷地各地を巡っている。

＊村上貞助　間宮林蔵の師・村上島之丞の養子で、養父は伊勢国宇治山田で生まれ、寛政一〇年（一七九八年）、近藤重蔵の従者でクナシリ・エトロフ島を調査。著作は『蝦夷見聞記』『蝦夷島奇観』『蝦夷地之図』『諸島之図』など多数。貞助は村上家を継ぎ幕臣の通詞になる。

砲術師は鉄砲の一発も撃たぬまま捕虜になったことに大作は己の藩の不甲斐なさに愕然とし、恥ずかしさを覚えたであろう。

さらには、大作が師事した戸来弓人の父・左門は、者頭（足軽頭）として箱館陣屋に駐屯し、事件の後始末で現地に出向くだけの役割と聞き失望したに違いない。

また、平山道場ではオタルと江差の蝦夷地御用から帰還した井上貫流左衛門から西蝦夷地沿岸は無防備のうえ装備はお粗末と聞いた。

実射訓練の合間に描いたという「タカシマのアイヌ絵巻物」には、「子供の便秘を治療する母親」、「酔っぱらいを連れ帰る女性」、「蝮に驚く者の姿」の絵はいかにも医師・井上らしかった。平穏すぎるオタルや江差の様子を聞き、大作は言いしれぬ不安を感じたようである。

井上の嫡男・末五郎は、平山道場に入門し大作が武術を指南することになり、大作は井上から武衛流砲術と測量術の手解きを受けることにした。

文化六年（一八〇九年）、平山は幕府に大砲（一貫目玉）の試射を届け出るが相手にされず、幕府への不満を募らせた。

第二節　ゴローニン事件の顛末

1　ゴローニン艦長らの逮捕

文化七年（一八一〇年）、北蝦夷地ではロシア船は影を潜めていた。松前奉行は「寒気凌ぎ方試み」

に津軽藩足軽小頭・成田孫右衛門ら七人にソウヤでの越冬を命じたが、極寒地での越冬は困難と見極めてマシケに越年番所を設けることにした。

蝦夷地全域の街道整備も進み、内地からの旅人の往来に対する規制も緩やかになって、様々な旅人が訪れ、仙台の俳諧師松窓乙二も箱館や松前に長期滞在している。

蝦夷地の人口は約五万五〇〇〇人を数えるほどに増え、蝦夷地産の俵物やコンブ・金肥などの値段の改訂や生産奨励を図ることで、各請負場所の上納金は順調に伸びた。

エトロフ島のアイヌの乙名《おとな》一四人が松前奉行に初御目見えし、その一行を箱館の高田屋別宅に宿泊させるなどアイヌの人々との関係も平穏を保っていた。

ところが、年が明けるととんでもない事件が続け様に起きることになる。

文化八年（一八一一年）五月二六日、ロシア海軍少佐ワシリー・ゴローニン艦長率いるロシア武装艦ディアナ号が測量目的の航海途中に水供給のためクナシリ島に上陸したところを、クナシリ会所の調役がゴローニンら八人を捕らえて松前へ護送するという事件が起きた。

沖合停泊で様子を窺っていたディアナ号の副艦長・リコルドは、ゴローニン奪還のため陣屋砲台と砲撃戦を行うが、これ以上攻撃すればゴローニンの身が危ないと悟り、捕虜にされた者の私物を海岸に置いていったんオホーツクへ撤退した。

2　取り調べと獄中生活

ゴローニン艦長と乗組員（少尉・水兵・通訳）を獄舎に収監し、一応の取り調べを終えると、幕府はゴローニン艦長らに幕臣のロシア語教育を要求した。奉行所通詞・村上貞助や上原熊次郎*、幕府天文方出役・馬場貞由と足立信頭がその授業を受けた。

間宮林蔵は連日獄中のゴローニンを訪ね、壊血病予防薬にと柑橘類や薬草を手土産に六分儀や天体観測儀、作図用具を使う測量法の教えを願い、鍋や酒を振る舞った。ゴローニンは間宮からカラフト探検やエトロフ島事件の武勇談を聞かされ、自著に「間宮の虚栄心は大変なもの」と酷評している。

ゴローニンらはその待遇が武家屋敷での厚遇に変わると、逆に解放の見込みがないと思い込み、監視の隙を見て脱走した。山中を逃げ廻った末、寒さと空腹で疲れ果てたところを捕らえられ、再び牢獄に監禁されて帰国の希望を失った。

ムール少尉は取り調べに素直に応じ、ロシア国情やディアナ号航海の目的や航路、フヴォストフらの日本北辺襲撃のこと、文化四年（一八〇七年）に長崎に到来したアメリカ船エクリプス号のことなどを話した。さらには、ロシアは蝦夷地に野心のないこと、ナポレオン戦争の経緯とロシアが好戦国に非ざること、ディアナ号乗組員名などを話した。それを通詞の村上貞助が『陳述簿魯西亜人《ろしあじん》モウル言上書（上・下）』という報告書にまとめた。

3　リコルド副艦長の再来航

文化九年（一八一二年）二月、松前奉行・村垣定行が患い御役御免となり、六月に後任の勘定奉行兼帯・小笠原長幸が着任し、江戸勤番の荒尾奉行と交代した。

八月上旬、リコルド副艦長はゴローニン救出のため、クナシリ島に来航して日本人漂流民らとゴローニン艦長らとの交換を要求した。

番所の役人は、すでに捕虜全員を処罰したとの嘘を告げて交渉を拒否すると、リコルドは怒り、航海中の高田屋の持ち船「観世丸」を拿捕して嘉兵衛ら六人を拉致してカムチャツカへと連れ去った。

八月二九日、小笠原奉行は着任早々からゴローニン事件の対応に忙殺され、心労が重なって急死し、その直後に下役元締・庵原直一も急死する騒ぎとなった。二人の葬儀を済ませて、松田伝十郎が庵原の代役で金銭出納勘定方になった。

幕府は駿府町奉行・服部貞勝に小笠原の後任を命じるが、着任は翌年に伸ばされ、奉行不在のまま文化一〇年（一八一三年）正月を迎えて、年頭行事の神社参拝は吟味役・高橋重賢*が代行した。

二月末、服部貞勝奉行が着任すると江差内で火災が連続し、民衆からは幸先を危ぶむ声が聞かれた。

***上原熊次郎**　松前生まれ（生没年不詳）で松前藩の請負場所での蝦夷語通詞。文化四年（一八〇七年）に松前奉行所の雇通詞となり、収監中のゴローニンにロシア語を学ぶ。後に幕臣に加わり、間宮らと小笠原諸島の調査に随行した。著書に当時初のアイヌ語辞書『もしほ草』や『蝦夷語集』『蝦夷地名考並里程記』がある。

***高橋重賢**　普請役・勘定方の高橋方政（普請役・勘定）の長男・三平（通称）である。寛政九年（一七九七年）に部屋住みから勘定に取り立てられ、寛政一一年（一七九九年）、東蝦夷地仮上知のとき、御用掛附属役人として羽州《うしゅう》酒田《さかた》（現・山形県酒田市）の仕入物御用取扱に就き、高田屋嘉兵衛と出会う。享和二年（一八〇二年）、箱館奉行所（文化四年（一八〇七年）に松前奉行）の次席の吟味役となる。敏腕家の能吏だが、狡猾な一面もあり、この物語の鍵を握る人物である。

五月二六日、ロシア武装艦ディアナ号がクナシリ沖に現れ、リコルド副艦長は高田屋嘉兵衛を仲介にゴローニン艦長ほか七人全員と日本人捕虜の交換を要求した。

高橋重賢は、急報を受けて現地に急行し、リコルドと交渉する。高橋は開口一番、文化三年・四年に起こったロシア船の蝦夷地襲撃・掠奪の暴挙を激しく抗議した。

そしてその先手口撃に怯むリコルドに、ゴローニン艦長の解放に二つの条件を付けた覚書を渡した（『高橋三平・柑本兵五郎覚書』）。

掠奪した兵器などを返還すること、過去の海賊行為に対するロシア政府の謝罪文書を提出すること、これを受諾し実行したならば、ゴロウニン外捕虜全員を引き渡すこと。

リコルドは「いったんは国に戻ってシベリア総督の了承を得て、箱館に引き返す」との約束を交わしてオホーツクへ帰航した。

高橋が松前へ引き返すと、箱館や江差の沿岸は鰊の群来《くき》が押し寄せ、近来稀なる豊漁を喜ぶ騒ぎであった。八月下旬、高橋はリコルドを待ち受けるため、ゴローニン艦長らを箱館へ移送した。翌月中旬、服部奉行は箱館沖にディアナ号が姿を見せたとの知らせを受け、御用船で箱館に向かった。

4　ロシアとの再交渉

箱館沖口御会所（税関番所）では、交渉役の吟味役・高橋と柑本兵五郎、通詞として江戸から呼ばれた足立左内と馬場佐十郎、奉行所の村上貞助と上原熊次郎、ほかに松田伝十郎らがリコルドの来航を待ち受けていた。

九月一六日、リコルドはオホーツク港務長（海軍中佐）の公式書簡（弁明書）を携えて来航した。その書簡は高田屋嘉兵衛から松前奉行に渡され、「日本人部落（カラフトなど）襲撃は、フヴォトスの独断専行でロシア政府は全く関与しなかった」との弁明と「皇帝からはゴローニンらを釈放し、友好的に解決することを望む」との親書であった。

松前奉行は、次のような返書をリコルドに渡した。

松前奉行の諭書《さとしがき》

日本帝国は昔からロシア帝国に敵意も無く、怨みも無い。貴国の船が蝦夷地の島々で掠奪したので、我が方でも守備隊を配備し、国後島で貴方の仲間を捕虜にした。尋問をしたら、以前の掠奪は貴国政府の知らない海賊行為であると彼等はいった。しかし、信じられなかった。この度、貴国の役人から送られた弁明書により右のことを確認しも我々を欺いていない事が分かり、我々の疑いも晴れたので、貴国の人々を返還する。

今後は双方に不満は残らないであろう。外国との交際と貿易を新たに始めることは、我が国では法により許されず、そのことについては、貴国の使節が来航した時、長崎で詳しく説明した。日本の沿岸や我が蝦夷地の島に外国の船が姿を見せれば、大砲を放ち追い払うことを理解されたい。我が国のこの厳しい命令は、永遠に変わることは無い。それ故、将来、交際を望んで他の口実をつくって執拗に来港しても無駄である。そのことからは、害だけが発生する。それ故に将来のためにこの事を諭しておく。

文化十年九月二十六日

大日本国松前奉行　印
村上貞助　印
上原熊次郎　印

右訳す。

服部奉行は高田屋嘉兵衛らとゴローニンらの捕虜交換に応じることにした。

しかし、吟味役の高橋と柑本は、先に使節ラクスマンやレザノフに渡した日本の通告文書がロシア側に正しく理解されたかどうか不安に思い、その原文を通詞がゴローニンと協議してロシア語に訳した「松前奉行付第一の高官吟味役よりの覚書」を手渡した(モスクワ外交公文書館所蔵)。

その後、蝦夷地近海にロシア船は姿を見せず、蝦夷地は平穏な日々を迎えることになる。

5　高橋重賢功労により栄転

文化一一年(一八一四年)一二月、ゴローニン事件の解決は高田屋嘉兵衛と吟味役・高橋重賢の功労と評価され、高橋は江戸城西丸小納戸役頭取*に出世して周囲を驚かせた。

一方、松前奉行の安藤雅久は、その不手際を咎められて罷免のうえ西丸先手頭へ左遷された。高橋は蝦夷地御用掛時代からの古参役人で、奉行次席の吟味役までのし上がり奉行以上に発言権を持って辣腕を振るうまでになっていた。特にゴローニン事件の解決を境にして実権を握ることになった。

松前奉行所に在勤中は、高田屋との蜜月関係や公金取り扱いに疑念を持たれていた。高田屋嘉兵衛を幕府の「蝦夷地定雇船頭」に登用したのは近藤重蔵と言われるが、実は高橋重賢の入れ知恵であったようである。

高田屋が兵庫で「諸国物産運漕高田屋嘉兵衛」の看板を掲げ、北前船で蝦夷地を往来していた経由地の酒田湊にいた頃からの知り合いであった。

松前詰の支配勘定*・山木三保助は高橋と高田屋との蜜月関係を疑うなど『蝦夷地内密御用留』に問題のある人物であると度々報告している。

***

＊小納戸役頭取　将軍家の金銀や衣服、調度品の出納を司る御納戸方の長で、諸大名や旗本からの献上品授与や返礼品賜与の金銀や諸物を管理する重要な役職である。若年寄支配下で頭役の定員二名は、諸大名や旗本からの献上品収納や物資購入を担当する「元方」と、将軍下賜の金品を扱う「払方」を担い、役高は七〇〇石。石高のほかに各所からの付け届けもあり、次の昇進が期待できる役職である。

＊支配勘定　勘定奉行配下の支配勘定は、筆算の才能が必要な職務のため吟味のうえ有能な人材が任用された。支配勘定出役は直轄地（天領）の徴税等の財務や運上金や冥加金、山林・海産物管理などの監督・経理処理を担当し、奉行所提出の帳簿検査や勘定奉行へ決算書類提出の役目があり、役人らの不正を「蝦夷地御用内密留」に認め報告した。

第四章　幕府の蝦夷地経営と警備の動向

第一節　蝦夷地警備方針の急変

1　ナポレオン戦争の影響

文化一一年(一八一四年)、蝦夷地は穏やかな新年を迎えた。三月、エトロフ島に到来予定のロシア船を待ち受けるため、吟味役・高橋重賢が現地に向かったがロシア船は姿を見せることはなかった。

ゴローニン事件が解決した後は、蝦夷地沿岸にロシアの船影は見られず平穏が続いていたが、その背景には欧州におけるナポレオン戦争の影響があった。

文化九年(一八一二年)、欧州諸国を制圧するナポレオンは、ロシアが大陸封鎖令に違反してイギリスへ穀物を輸出したため、六〇万の大軍を率いてロシアへ攻め入った。

ロシアは全土の守備兵を招集し、国境警備や領土拡張の尖兵であるコサック兵(半農武装集団騎馬兵)まで最前線に送ったため、東部シベリアの国境警備は手薄になっていた。

九月、フランス軍がモスクワに到達したが、ロシア軍は食料や物資のすべてを焼き払う焦土戦術を展開した。フランス軍は物資調達の道を絶たれたうえ、一〇月を迎えて猛烈な寒波に襲われてフランス軍は退却した。さらにフランス軍はロシア軍と農民兵に追撃され、ナポレオンは少数の兵とパリに辿り着くことになる。

そうした事情から、東部シベリアの守衛や蝦夷地の南下をする余裕がそのときロシアにはなかったのである。

幕府は欧州事情を長崎出島オランダ商館から提出される「阿蘭陀風説書」により知るが、ナポレオン戦争の詳細はゴローニンらの取り調べでも知ることになった。

幕閣らは遙か遠い欧州で起きたナポレオン戦争を日本を救った神風と思ったかもしれない。

加えて、松田伝十郎と間宮林蔵がカラフト奥地の調査で、カラフト島がロシア大陸と海峡で隔たる島であることを確認し、ロシアの陸路による侵攻の心配はなくなっていた。

2　蝦夷地警備の大幅縮小

文化一一年（一八一四年）一〇月二七日、幕府は蝦夷地の警備方針を大きく変えることにした。東・西蝦夷地の遠境警備を松前奉行所の役人で行い、南部藩には箱館周辺の砲台場警固（二〇〇人）を、津軽藩には福山・吉岡・福島等五カ所の砲台場警固（一〇〇人）を命じ、南部・津軽両藩の東・西蝦夷地で警備する藩士をすべて撤退させた。

南部藩は蝦夷地警備と不作続きで藩財政破綻寸前だった。そんなときに届いた幕府の警備方針の変更は、南部藩にとって吉報であった。

3　南部藩の財政難と幕府の思惑

幕府役人や藩士が蝦夷地に派遣される場合には、盛岡城下から渡海口の佐井湊に至る街道沿いの「宿駅」を経由して蝦夷地に赴いた。その道程では「宿場」や「伝馬」の使役負担（人馬供出）が発生するため街道筋の農民には余分な苦役であった。特に、農繁期の使役は、凶作続きで多数の餓死者も出て人手がなかった農民たちにとっては負担が大きかった。

南部藩は藩財政改革で三陸沿岸部の三閉伊《さんへい》地方の漁業や製材業、製鉄業者に御用金の重税を課し、民衆には「軒別税《のきべつ》」（人頭税）を強行していた。そのため領民の一揆が勃発して藩内が混乱していた。

南部藩は、商人には御用金徴収や藩札「七福神」を大量購入させ、藩士らには禄借上を命じる臨時課税策を強行した。しかし焼け石に水であった。

幕府は蝦夷地警備の出費を抑制するため、蝦夷地に近い南部藩と津軽藩に蝦夷地警備を命じた。幕府は両藩の確執や財政事情を知りつつ、津軽藩と南部藩の競争心を利用して軍役につかせたのである。

さらに文化五年（一八〇八年）には、蝦夷地警備の功の名目で南部藩に二〇万石、津軽藩に一〇万石を加増している。このときも現状のままでの名ばかりの高直しで逆に石高に応じて軍役負担が増やされ、南部藩に二五〇人、津軽藩に一五〇人の兵役増が課された。蝦夷地派兵を増員するための幕閣らの悪知恵と言える。

さらに、両家の位階昇格や支藩の立藩を許可するという巧妙な方法で蝦夷地警備の功を競い合わせた。ただ、一方では、両家が揉め事を起こさぬように参勤や登城時期の重複を避け、蝦夷地警備も東西蝦夷地に分けて配置するなどの配慮もした。

文化九年(一八一二年)、ついに南部藩は幕府に窮状を訴え、金一万両を借り受けて前年の借金七〇〇〇両の年賦延納を許された。翌年にも米三万石の借用願を幕府に申し出たが、それは断られた。

参勤交代の費用を商人から借金するほど困窮していた南部藩は、家老・新渡戸丹後に蝦夷地の警備負担を理由に再度幕府に願書を提出させた。幕府は弱いところを突かれて南部藩に金二万両を貸し付けを許す。

第二節　大作の帰郷と兵聖閣建設計画

1　大作の免許皆伝と一時帰郷

文化七年(一八一〇年)、大作は道場入門三年にして頭角を現し、中松村伊三郎・吉田藤右衛門・小田武右衛門とともに平山道場四傑(四天王)に称される。安芸広島藩家臣で打撃の達人・羽生勝五郎との柔術試合にも勝ち名を上げていた。

その年、後に義兄弟の契りを交わすことになる細井萱次郎が入門した。

翌年、平山行蔵から実用流*免許皆伝と師範免許を授与され、筆頭師範代に指名された。西国浪士の戸田流剣術師・片岡武太夫との他流試合にも勝ち、平山から備前吉光の短刀をもらい受けている。

文化九年（一八一二年）、免許皆伝を機に福岡に帰郷し、母の見舞と兄・平九郎の藩への家督相続届けに安堵して江戸に戻る。

武家が家督相続を届出る際には、相続人以外の男子や家族の届けも必要とするが、南部藩家老日誌『南部藩雑書』*にそのときの大作の届出の記録がある。それには、大作の出奔を文化八年と帰郷時の前年とし、文化一二年に帰郷届けを提出したことになっている。

2　夏目家再出仕と平山道場閉門

大作は江戸に戻ると、夏目から公務多忙のため屋敷に戻るようにとの命を受け、用人として出仕

＊**免許皆伝**　講武実用流では「武芸十八般」や兵学の科目ごとに、「表《おもて》」「中極意《ちゅうごくい》」「極意」「奥儀《おくぎ》」「皆伝《かいでん》」「指南免許秘法《しなんめんきょひほう》」の六段階があり、すべての業・形の習得が認められたときに「全学免許皆伝書」が授与されることになっている。伝授手順の流れは「伝授次第」と称し、各武術の免許を「免許階梯《めんきょかいてい》」（「階梯」とは階《きざ》と梯子《はしご》の意）と称した。

＊**『南部藩雑書』**　大作出奔に関する記述を抜粋してみる。

〇文化八年五月廿七日：下斗米宗兵衛：妾腹之二男秀之進（大作）二十三歳罷成候処、去ル十一日罷出罷帰不申候ニ付、心当之処々相尋候得共行衛相知不申、出奔之旨宗兵衛訴之

〇文化八年七月廿七日：下斗米宗兵衛・同宗之進（平九郎）：宗兵衛儀老衰之上起居不自由罷成、御奉公可相勤躰無之ニ付隠居仕、倅宗之進家督被仰付被下度旨申上、願之通無相違被仰出於席申渡之

〇文化十二年二月廿六日：下斗米平九郎：弟秀之進儀文化八年五月出奔仕、其節御訴申上候、然処昨夜罷帰候ニ付、向々出入之程難計具ニ相尋候所、兼而武芸修行心懸罷有候処江戸表へ罷登、本庄住居小普請平山行蔵内弟子罷成、講武実用流柔術剣術修行仕候得共、御国元慕敷老父へモ対面仕度一筋ニ存、行蔵より暇取立帰候旨申聞、外向々出入之儀モ有之哉ト押而相尋候得共、何之出入ヶ間敷儀モ無之、出奔立帰候儀恐入、急度為慎置候段申出候ニ付、平九郎へ御預逼塞被仰付御目付へ申渡之

〇文化十二年五月廿六日：下斗米平九郎弟下斗米秀之進：先達而無調法之儀有之平九郎へ御預逼塞被仰付置候処、此度文殊尊御祭事ニ付為御功徳被成御免旨被仰出

することになった。

夏目家に仕える松川紋左衛門の娘・芳との縁談があり、翌年、夏目夫妻の媒酌で結婚して浅草蔵前に新居を構え、夏目家に仕えるかたわら平山道場で筆頭師範として指南役を続けた。

文化一一年（一八一四年）、平山行蔵は蝦夷地の警備縮小を憂慮し、再び『北闕書《ほっけつしょ》』なる建白書を幕閣へ献上した。

その主旨は、「四方の外夷（外国人）から国を守るために、江戸中の無頼漢（ならず者）や伝馬町・佃島の囚人から凶暴な者を選抜して、わが平山が統率して蝦夷地への防衛に赴くので許可願いたい」とする過激な建言であった。

幕閣からの返答は、「志は誉めてつかわすが、蝦夷地への渡海は許可しかねるので、代わりに子息を大砲与力に取り立てる」というものだった。

平山は未婚で子はなく、幕府にはぐらかされたことに激怒し「幕閣の奴らは、どれもこれも蝦夷地防衛の認識が甘い」と公儀を公然と批判した。

幕閣らの中には、「御上を恐れぬ無礼者、断固として処分すべき」、「大量の武器弾薬を所持し、由井正雪のごとき多数の門弟を引き連れての暴挙があっては」と危ぶむ意見があり、そのことは西丸目付の夏目の耳にも届いた。

夏目は幕閣らの間に入り平山を弁護するが彼らの怒りは治まらず、平山に「いったんは、道場を閉門して様子を見るように」と言い、平山もそれも止むなしと受け入れて事なきを得た。

平山は道場閉門の決意を門弟たちに告げ、流派の後継者に筆頭師範代の大作を指名したが、大作はこれに応じなかった。大作は道場閉門後に平山門下生への武術指導を懇願され、浅草に道場を開くが、「一騎当千の戦士らを自ら指揮し蝦夷地を警備する」の平山の考え方とは違い、「再び蝦夷地警備を必要とするときに備え、若き南部藩士らに西洋流砲術や実践的戦術を教練し、先陣先頭で指揮できる人材を育てたい」との思いがあった。

「このまま江戸にいては、机上空論を戦わす論者に成り下がるのは目に見えている。郷里福岡に平山行蔵の教えを実戦すべき兵聖閣を再建する」と決意して帰郷することにした。

この練兵道場の建設構想を聞いた義兄弟の細井萱次郎は、大作の立志に感銘を受け、門下の同志を募って協力の盟約を交わした。

平山門下には、四天王と言われた松村伊三郎(幕臣)・小田武右衛門・吉里信武(呑敵斎)・妻木弁之進のほかにも高弟の細井萱次郎・大釜紋三郎(南部藩士)・三枝左京・男谷信友・椿椿山(同心・南画家)・乃木十郎(陸軍大将・乃木希典の父)などがいた。後年には男谷の叔父・勝小吉《かつこきち》(勝海舟の父)が道場に自由気ままに出入りしていた。

後に平山は遠戚の門弟・並河鋭次郎を養嗣子にし、二代目と御家人の家督を継がせる。

3　夏目の松前奉行就任と蝦夷地探査計画

文化一一年(一八一四年)八月、帰郷後、大作は本家の土蔵を改修し、実用流兵学と武術の看板を掲げた。すると入門志願者が押し寄せ、門弟は二〇〇人余となった。さらに大作夫婦に長男・勝之助を授かるという慶事が重なった。

文化一三年（一八一六年）、道場が手狭となり、金田一前平に「兵聖閣」を新築するため江戸の細井萱次郎を呼び寄せて、道場建設と事前の蝦夷地探査の計画を練った。

さらには、関良助ら多数の入門者が続き、新任の福岡代官・中野周右衛門らの支援者も加わり、道場には活気が満ちあふれた。

翌年、大作の道場建設計画と蝦夷地探査に追い風が吹く吉報が届く。それは、夏目信平が松前奉行就任のため、松前への途中に福岡に立ち寄るとの先触れであった。

大作と細井は蝦夷地の地形や気候風土を視察し、寒冷地警備の対策を図ることを計画している最中のことで、まさに渡りに船の喜ばしい知らせだった。

文化一四年（一八一七年）二月二日、夏目信平は遠国奉行*に登用されて松前奉行となり、左近将監の官名を授かった。

三月二七日、千住から松前への道案内役は、江戸勤番（霊岸島詰）から松前に戻る調役下役・松田伝十郎ら数名で、随従の家臣は、用人・木村太左衛門と後藤又左衛門、渡辺東太夫の三人である。

千住から白河まで奥州街道を下る途上に日光東照宮を御参詣し、仙台道（白河〜仙台）から松前道（仙台〜松前）を北上して、大作に先触れしていたとおり南部福岡に立ち寄った。夏目は福岡に滞在中に、仮道場を訪ねて大作を激励するが、そのとき大作から蝦夷地の探査計画を打ち明けられる。夏目は、東・西蝦夷地の番所警備の役人らに砲術の指南をさせるという大義名分で大作を客分として迎えることにした。

大作は、蝦夷地全域を巡る機会を得たことに喜び、年末には松前で再会できるよう準備を進めることを夏目と約束した。

五月八日、夏目奉行一行は松前に到着。江戸から松前までの旅程は直行なら二〇日ほどだが、このときは四三日を要している。日光東照宮への参詣や仙台城下などの視察、福岡の大作訪問、津軽藩の沿岸警備の状況視察のほか三厩湊で風待ちに数日要したからだった。

案内役の松田は、東・西蝦夷地とカラフトを踏破するなど奉行所随一の事情通で、蝦夷地事情や松前奉行所の懸案などを聞くなどして夏目にとっては有意義な旅であった。

沿岸警備では特に津軽藩が警備する松前と江差の砲台場が手薄と聞き、着任早々に松前・江差・箱館を巡回することに決め、松田には江差巡回の手筈を命じている。

松田伝十郎の日記『北夷談』に、道中の様子や着任早々の松前・江差巡見の記述がある。『北夷談』より抜粋してみる。

一、文化十四年丁丑年に成り、霊岸島會所え通勤す。
一、御目付夏目次郎左衛門、松前鎮臺(奉行)職仰を蒙られ、左近将監と改名なり。
一、鎮臺左近将監今年在務に付、道中手附申渡され、相士調役並出役田邊應三郎、調役下役元

***遠国奉行**　遠国奉行は幕府直轄領(御料・幕領・天領)のうち遠国の重要な直轄領の政務を担う。文化・文政年間には、遠国奉行首座が担当するのが長崎奉行であり、ほかに京都・大坂・駿府の町奉行や、伏見・山田・日光・奈良・堺・佐渡・浦賀・下田・松前の各奉行が重要な役職とされた。伏見奉行は大名から、ほかは旗本から任命された。奉行は老中支配下の役職で役高は一〇〇〇石から二〇〇〇石。ほかに役料が支給された。

〆千島、石坂武兵衛手附一同、三月廿七日江戸發足有り、日光(原註、御宮、御靈屋)参詣、左近将監同様相廻り、夫れより奥州街道仙臺路通り、津軽領三厩四月廿三日着、御船長春丸御船頭露木平太夫、稽古乗り田村喜太夫松前表より迎船として當所え廻り居。しかる處渡海日和なく、兩度出船有りけれども、風筋汐行悪しく出戻り成り、五月八日風順に付、手附一同乗船、三厩出帆、海上別條なく、同日松前表より着岸有り。しかし沖合汐行悪敷、鎮臺の供舟松前地吉岡村え落舟せしゆへ、暫く見合有るといへども、供連間に合兼、略供にて御役所へ着岸有り、引続き滞なく相済し也。

(中略)

一、鎮臺淡路守交代済み、五月廿六日津軽領三厩に向出帆有り。

一、傳十郎事江指詰調役並西山平十郎大病に付、同人代り江さし詰申渡され、井鎮臺左近将監江指見廻り有るべき旨に付、急ぎ出立申しべくとの事にて、十月八日松前府出立、路中差急ぎ、同十日江指着、同所詰下役(原註、玉井犀之助、小堀泰三郎、中村小市郎)、在役(原註、武見辨之助、宇津木理八郎、武見豊次郎)面會す。

一、御役所有金有高帳に引合せ改め、穴蔵詰合封印改る。米蔵有高等見分済て、市中巡見井同心炮術、大筒、小筒打方下見聞等いたす。

一、鎮臺左近将監見廻りとして、十月十五日江指到着有。先例のごとく詰合、井地役人寺社町方問屋小宿等一総出て、席々におゐて到着の歓を述る。

一、御役所有金有高帳面を以て申上、米蔵見分有り、井市中巡見同心ども炮術、大筒、小筒打方下見分これ有り、市中の者先格に任じ手當等下さる。右済て十月十八日江指発足、松前表え帰館也。

一、當所詰西山平十郎病気の処、養生叶わず。傳十郎着前に差重り、同人取斗置く公用向下役より申立るに付、見届け引請け、此年は同所におゐて越年す。

一、明ければ文化十五戊寅年に成り、文政と年号改る。

夏目が大作のところを訪問したことには一切触れていないのは、上司への気遣いであろう。

4 大作の蝦夷地探査

厳寒期の蝦夷地探査

大作は練兵場「兵聖閣」を建設する前に、蝦夷地の地形や気候風土を知ることで湾岸警備策や防寒策を十分検討しておく必要があった。

文化一四年(一八一七年)一〇月五日、大作から蝦夷地探査決行の知らせを受けた萱次郎が福岡に駆けつけてきた。萱次郎は大作と蝦夷地探査できることを感謝し、早速計画を練った。大作と萱次郎は次のような点に留意し探査の時期を厳寒期とすることにした。

○厳寒期体験による寒冷地対策(耐寒・防寒着試着、食糧事情など)をすること
○厳寒期には害獣等が冬眠(熊・蝮)し、蚊やダニがいないこと
○冬枯れの雪道や凍結河川・湖沼上の歩行や馬利用が容易なこと
○山や河川等の地形の目視や歩測がしやすいこと

○繁忙期を避け奉行所や案内人などの協力を得やすいこと
○積雪少ない東蝦夷地（二月頃）、厳寒の西蝦夷地（四月頃）

壮行会での留別の詩　一一月初頭、出立を前に道場留守役に指名した高弟で義兄の田中舘彦右衛門と龍岩寺の大超和尚が寺内養生庵で送別の宴を用意してくれた。萱次郎は宴席で旅立の別れを漢詩に詠み、彦右衛門がそれに応えた。

〈萱次郎の旅立別離の詩〉〔小保内鞆尾編『下斗米将真伝』による〕

丁丑仲冬於　養生庵留別折衛館主人
養生庵裡茲相遇　惜別投筆坐走残　雪擁関山遇陸奥　月移灘浦臨松前
斑驪隻匹嘶寒路　雙雁一行鳴冷天　寄語社朋折衝子　修成折衝俾魏然

〈彦右衛門の返詩〉

送行形水〔けいすい＝大作〕先生　松前
松前千里外　茫渺隔波濤　一擲班生筆　遙携呂虔刀
連城迎美玉　故国贐香醪　客路三灘険　壮心不厭労

蝦夷地探査の立証史料

大作の蝦夷地探査を立証する資料は乏しい。特に残念なのは大作の蝦夷地探査日記の『遊北日抄《ゆうほくにっしょう》』が、明治初期まで下斗米本家に所蔵されていたものの現在は所在不明となっていることである。散逸した経緯を直木賞作家・渡辺喜恵子が『小説・馬淵川』や相馬大作生誕二百年記念誌『相馬大作のすべて』に書いている。

確認できる古文書や伝承などを手掛かりに大作の蝦夷地探査を考察したい。

大作が蝦夷地の見聞を語るのを門弟の下斗米惣蔵*が筆記した『大作先生蝦夷日記』が嘉永二年（一八四九年）の火災で焼失した――ということが下斗米与八郎*著『下斗米大作実伝』に次のように書かれている。

> 蝦夷地防御等に関する下斗米将真及び細井知機の意見書冊は清書せしもあり又半途にして筆を止めしものもありて下斗米惣蔵の宅に蔵置せりしが、嘉永二年〔一八四九年〕一一月の火災に

＊下斗米惣蔵　下斗米一族で大作帰郷後すぐに弟・軍七とともに入門する。大作の教義や砲術訓練などを『相馬大作評伝』に著す。
現存する手記は下斗米与八郎が惣蔵の語りを口述筆記したようで、使い古しの和紙の裏に走り書きしており判読が難解な箇所や年代的に前後している箇所も見受けられる。
晩年に語ったものと思われるところには事件結果と辻褄を合わせたり、大作を英雄視していると思われる箇所もある。いずれにしても大作の側近でともに行動した人物の貴重な記録であることには違いない（以下、引用する場合は『惣蔵の手記』と表記）。

＊下斗米与八郎　田中舘家で生まれ、下斗米家の婿養子となる。南部藩士で福岡代官所の書記となり、戊辰戦争にも従軍。維新後は県職員（測量師）のかたわら大作の遺品収集や事件を知る者に取材を重ね、相馬大作研究に多くの時間と私財を投じた。長男・耕造の助力で『下斗米大作實伝』（大正一一年〔一九二二年〕二月発刊）を刊行。相馬大作研究の一級資料として評価されている。

罹り其他の書類及び将真の日記と共に悉く烏有に帰せり〔焼失〕故に其の論説意見等述〔の〕ぶるに由なし……

ほかに『惣蔵の手記』〔回想録〕もあるが、蝦夷地探査の旅程や後の津軽侯要撃の様子が分かる記述はない。

蝦夷地への渡海口と航路

大作はどのような海路を辿って蝦夷地へ渡ったのか。小原敏丸編・下斗米与八郎*校訂の『正傳相馬大作』に蝦夷地への渡航に関する記述がある。

〔前略〕文化一四年〔一八一七年〕一一月一三日吉日に、将眞《まさざね》〔大作〕、知機〔細井〕は、福岡を出発し、一七日陸路田名部九艘泊《くそうどまり》に至る〔三日間待機〕二一日便船に乗じ、二五日に福山〔松前〕に着……〔中略〕郷里福岡帰着が翌文政元年〔一八一八年〕五月に及び、この間行程三百里に及び足跡遠く宗谷岬に達した。〔後略〕

蝦夷地探査の考察

南部藩の蝦夷地警備で蝦夷地に渡る場合には、渡海口の佐井から箱館へ向かうが、任地の東蝦夷地に直航するときは佐井などからアッケシに向かっていた。

文化三年〔一八〇六年〕、某南部藩士の『蝦夷日記』〔著者不明〕によると、佐井からアッケシを経由してクナシリ島に到着、帰路は箱館まで徒歩で陸行している。また、大作が九艘泊から便船を利用したとあるが、これは福山（松前）へ直航するためと考えられる。

津軽海峡の海流は日本海側からの強風と海底地形の影響で、西から東へ向かう潮流であり、波穏やかな陸奥湾から平舘海峡を経て福山を目指すのが安全な航路と考えられる。

しかし、大作が下北半島を巡回し九艘泊に至ったと考えられる資料がある。

下風呂温泉（現・青森県風間浦村）の「瀧屋」（現・かどや旅館）に伝わる「大作の湯治伝説」が、笹沢善八編『下北半島町村誌・風間浦村誌』（下北新報社）に載っている。それは、「檜山騒動にて知られる快傑相馬大作も下風呂の旅籠「瀧屋」に泊り湯治したと云う」の記述で、年月などは定かではないものの、大作が生涯で下北半島を訪れたのは蝦夷地渡海のときの一回限りと考えられる。

領内の太平洋と下北半島沿岸の警備状況視察を望んだとすれば、八戸沿岸を北上し大畑・風間・大間・佐井を経由し、九艘泊へ至る経路が考えられる。

一一月一三日に福岡出立、一七日に陸路田名部九艘泊に至るとの記述がある。陸路四日で着くのは健脚の二人なら容易であろう。途中馬や小舟を利用した可能性もあり、湯治する余裕が生まれたのかもしれない。当時、松前奉行所では御用船*を数隻所有し、津軽海峡の荒海での航海に慣れた船頭を水主《かこ》に任用していた。御用船の航路は津軽領三厩や南部領下北半島の佐井や九艘泊、野辺地を

＊**小原敏丸**　岩手県北上市黒岩出身で筆名を「流泉小史」という。著作に『新撰組剣豪秘話』などがあり、時代小説の先駆者とも言われる。

下斗米与八郎の三女・哲子と結婚し、義父・与八郎から大作の事蹟を聞き『正傳相馬大作』を著す。

往来し、物資輸送などの寄港地に使われたようだ。

一一月に津軽海峡の荒波を小舟で渡るのは危険で、大作が便乗した便船とは松前奉行所の御用船と考えられる。

大作と萱次郎は津軽海峡を無事に渡り福山に着くと、夏目奉行と家来仲間の木村太左衛門や後藤又左衛門・渡辺東太夫らに迎えられた。再会を喜び合ったことと思われる。

夏目奉行らから蝦夷地事情や北辺警備の状況などの情報を得たうえで、年が明けてから松前から任地に赴く役人の道案内でまずは東蝦夷地を目指したと考えられる。

『正傳相馬大作』には、「郷里福岡帰着が翌文政元年（一八一八年）五月に及び、この間行程三百里に及び足跡遠く宗谷岬に達した」とあるので、蝦夷地での滞在期間は一一月二五日（新暦一二月末）から夏目奉行が御用船で江戸勤番に戻る翌年五月一〇日（新暦六月中旬）までとすれば一六〇日ほどの半年近い日数になる。

また、蝦夷地踏査の行程が三〇〇里で北はソウヤ岬に至るとある。三〇〇里とは一一七九キロメートル（一里＝三・九二七キロメートル）で、北海道一周の距離（約二八一八キロメートル）と比較すると、四割ほどの距離である。オホーツク沿岸と北方四島を除いた距離に相当しよう。

当時、北蝦夷地のカラフトや西蝦夷地のソウヤやモンベツ・アバシリで勤務する奉行所役人は、厳寒期は増毛の越冬所で過ごし、寒気が緩む頃にそれぞれの任地に赴くことになっていた。

ならば西蝦夷地のソウヤ方面の探査を三月頃と決め、先に降雪の少ない東蝦夷地方面を二月初旬に探査したのではないかと推察できる。

陰暦二月は陽暦の三月に当たり、東蝦夷地の太平洋沿岸では雪解けが始まる頃である。山道や海岸道を一日一〇里（約四〇キロメートル）を目処に会所（宿場・通行所兼備）を中継すると、天候にもよるが健脚の二人には余裕の旅路である。

東蝦夷地の探査を一カ月ほどで済ませ、松前帰還後に要所地の記録や絵図の整理を終えて、三月に西蝦夷地最北端のソウヤへ向かったと考えられる。

しかし、その頃、石狩場所では疱瘡の流行でアイヌの人々二一三〇人余のうち八三三人が死亡していた。このことを勘案すれば大作らの探査では大事を取って石狩場所を迂回する旅程がとられたのではないかと考える。

大作が考える蝦夷地警備策

大作と萱次郎は探査を終え「想像を超える広大な蝦夷地は、山脈に鬱蒼と繁る深い森林や大河一帯に広がる湿地帯は、頑強な要塞となる」と考えたに違いないが、その一方で沿岸の会所や陣屋、砲台場の備えは貧弱で設置箇所も悪く改善策が必要と痛感したことだろう。

利点としては、東蝦夷地の官営牧場*には、馬体の優れた南部馬が数千頭も育成され、広大な蝦夷

***御用船**　寛政三年（一七九一年）、幕府は蝦夷地往来に御用船を運航し、船手組水主同心組頭格に南部大畑の名船頭・長川仲右衛門を登用した。蝦夷地直轄後、松前奉行所は御用船（小舟の赤船含め四五艘）を持ち船にした。大船の「神風丸」や「長春丸」「全真丸」は、箱館からアッケシやエトロフ方面を航海し、太平洋航路が開発されると江戸とも往来した。文化九年（一八一二年）、役人による自捌きから場所請負制度にし、官営貿易廃止の際には小舟の赤船を払下げした。大作の蝦夷地渡海当時、松前奉行所に調役下役・長川仲右衛門がいたが、長川家は福岡由来の家系で、便乗船の手配に協力をしたことも考えられる。

地の移動と連絡手段に早馬が活用できたことだろう。

蝦夷地は梅雨がないため夏季は晴天時が多く、冬季には遠望に恵まれている。そのため先触れなどの連絡手段には狼煙《のろし》が使われた。さらに早馬との併用で正確な伝達が可能となる。

大作と萱次郎は南部領内と蝦夷地の沿岸警備の実態から海防強化策に重点を置くべきとの考えを夏目奉行に進言したはずである。そして着任早々に松前や江差・箱館の砲台場を巡見した夏目もまた同じ考えであったに違いない。

大作は兵聖閣での教練では、近代的砲術と射程測定の測量術、馬淵川急流での水練術、山岳耐寒行軍訓練、乗馬術に力点を置きたいと考えた。

奉行所には間宮林蔵が測量した蝦夷地図や北方諸島図*などが揃っており、模写を願って許されて二人は大いに喜んだことと残されている図面から推測できる。

松前奉行所の組織体制

文化一四年（一八一七年）刊行の『文化武鑑*』には「松前御奉行幕吏（役人）」の役職と家禄*、家屋敷などが掲載されている。奉行所の組織体制が分かる情報を抜粋してみる。

【松前奉行】（御老中御支配・遠国奉行長崎御奉行次席）

幕吏（役人）数六三名

芙蓉之間、二〇〇〇石高、御役料一五〇〇俵、当御役享和二年より新規

◉夏目左近将監信平「家紋・井桁に菊」

＊官営牧場　寛政一一年（一七九九年）から文化四年（一八〇七年）まで箱館奉行を務めた羽太正養が、蝦夷地事情を『休明光記』と『休明光記付録』に著している。寛政一一年に東蝦夷地各会所に南部馬と牛を運搬使役に導入し、二年後に自然増殖したという記述がある。享和三年（一八〇三年）、後任の箱館奉行・戸川安諭は、蝦夷地産馬を試乗して駿馬を見出し、駿馬三頭を江戸に連れ帰り将軍に献上したことで官営牧場の開設の裁可を得た。アブタ勤番・福井政之助からウスの原野が牧場に適すると聞き、文化六年（一八〇九年）までにウス・アブタに官営四牧（富川・平野・豊沢・岡山牧、東西二八キロメートル）を開き、馬一四七頭を放牧。八王子千人同心・原新助と福井政之助を掛員に任命。種馬に官馬森越栗毛と八戸白栗毛、黒谷鹿毛の三頭、南部藩献上の牝馬四頭外牝馬五頭を放牧。大作が蝦夷地探査をした頃には二〇〇〇頭以上が放牧され、優良馬を松前から内地へ供給していた。

＊北方諸島図　下斗米与八郎の所蔵資料の「蝦夷地絵図」と「松前蝦夷嶋之図」は、地名入りの蝦夷地とカラフト・北方四島の絵地図で、間宮海峡が描かれていることから文化八年（一八一一年）以降に間宮が作製した地図を大作が模写したものであると推測できる。大作が松前に滞在していたときは、間宮は江戸で師匠・伊能忠敬の「大日本沿海輿地全図」編纂作業を手伝っていた。間宮は翌年九月に蝦夷地の内陸部測量のため松前に戻った。

＊『文化武鑑』　年鑑形式の幕臣や諸大名家の紳士録と言えるもので、氏名や家禄、家紋、拝領屋敷などが掲載されている。民間の版元が幕府の人事情報を編集して出版し、江戸や京都・大坂の商家や行商が販売した。武士や商人の実用書であり江戸の絵地図と同様に市中巡りの案内書としても使われた。

＊家禄　家禄とは代々家督相続される武士の基本給（固定給）。職禄とは家禄の不足を補う職務加算の俸給。職禄と家禄との差額（足高）を支給された（例：職録二〇〇〇石―家禄八〇〇石＝足高一二〇〇石）。役高（役料）とは役職俸禄（管理職手当）で勤務地や職務の特勤手当を含む。

将軍は幕臣（旗本・御家人）に家禄などの俸禄を与えたが、旗本には家禄相当の知行地を割り当て、地頭として領地を治めて農民からの年貢米が俸禄（給与）であった。領地の管理は家政を取り仕切る家老や用人が現地に出向き田畑の検分や年貢の取り立てをした。

江戸初期の年貢率は六公四民だが、後に農民救済のため五公五民に改められ、収穫米の五割を知行主に上納した。場末年貢率は領主により三八パーセントから四八パーセントとなり家禄の五割に満たなかった。

旗本知行給知は約二三〇〇家で全国約二六〇万石のうち、約八割が関東地方に置かれ、天領や大名領、社寺領が入り混じる相給地で治安が悪かったので、文化二年（一八〇五年）に関東取締出役（八州回り）を置き取り締まった。

下級武士の御家人の給地対象者は僅かで、俸禄米支給の蔵米取（切米・俵取年三回支給）や扶持取（玄米毎月支給）、現金支給（例：三両一人扶持）の給金取がほとんどだった。

父次郎左衛門　家禄七三二石、参府子寅戌午申戌　五月
〈前職・御目付衆〉文化一四年丑二月より
○江戸屋敷（本所二ッ目）
○馬印「黄なめし」
〈用人〉木村太左衛門、後藤又左衛門、渡辺東太夫
◉本多淡路守繁文「家紋・本多葵」父丹下二五〇〇石、参府　子寅辰午申戌五月、
〈前職・御小普請奉行〉
○江戸屋敷（小川丁）
〈同吟味役〉焼火之間一五〇表高、御役料三〇〇表宛、（屋敷）
◉柑本兵五郎・ゴローニン事件担当（本所相生丁）、大島栄次郎（駿河台）
〈同格同並〉御役金五〇両宛
◉佐藤茂兵衛（永田馬場）、荒井平兵衛（小石川三百坂）
〈同調役〉一五〇俵高、御役扶持拾人扶持宛
◉坂本伝之助、木原半兵衛、富山木大夫、寺田忠右衛門、三浦喜十郎、森覚蔵、折原政吉、奈
佐瀬左衛門、中川又太郎、小俣次郎八、太田彦助、吉見専三郎、高橋次太夫
〈同調役並〉一〇〇表高、御役扶持七人扶持宛
◉増田金五郎、牛袋理太郎、高橋藤蔵、関岡右衛門、田辺慈三郎
〈同調役下役元〆〉八十俵三人扶持、金拾両御役金

◉村上次郎右衛門、松田伝十郎（海峡第一発見者）、向井勘助、柳権十郎
〔同調役下役〕三拾俵三人扶持、外に役扶持三人扶持
◉長島新左衛門、田口武右衛門、井上喜左衛門、小川喜太郎、石坂武兵衛、福井千馬介、庵原亮平、玉井犀助、鈴木覚次、近藤斧八、荻野藤太郎、杉山良左衛門、中村金右衛門、内藤源左衛門、近藤磯右衛門、中村伊大夫、大島東作、大池十郎左衛門、洞金助、中村小市郎、豊田弥太郎、平島長左衛門、石原八助太郎、塚田留次郎、大塚惣太郎、河西祐助、小堀承三郎、山口茂右衛門、長川《おさかわ》仲右衛門（元南部大畑船頭）、露木平大夫、田中定右衛門、村上貞助（通詞）
※間宮林蔵の口述筆記役、父・村上島之丞は間宮の師匠
〔同調役下役格〕◉間宮林蔵　※地雇通詞・上原熊次郎
☆間宮は大作の来訪時は、父の弔いと伊能忠敬宅で蝦夷地図作製作業のため江戸に滞在、翌年九月上旬、蝦夷地内陸部測量のため蝦夷地へ戻る
〔同御用達〕三人扶持宛（地元御用商人）
○本湊丁・北村甚右衛門
○本両替丁・田中金六
○箱館詰・伊達林右衛門

松前の繁栄ぶり

大作は繁栄する松前の賑わいを目にして、さぞかし驚いたに違いない。

当時の松前の住人を知るには、松前奉行所の諸役人や在住・雇夫の俸禄、諸手当のほか、

寺社・用達商人・町役人・職人・高齢者・廃疾者・異国からの帰国者（五郎治・福松・源七など）に対する手当金などを記す『松府録俸志《しょうふろくほうし》』が詳しいが、町内の様子や暮らしぶりを知るには大作と同時期に松前を訪れた旅人の『陸奥日記』とその挿絵集『模地数里』が分かりやすい。作者は嶽丈央斎とあるが、序文と挿絵作者は儒者・*亀田鵬斎の高弟・*魚澄子璞であることから、央齋とは鵬齋の筆名と分かる。二人連れの旅であったのかもしれない。文政元年（一八一八年）二月二一日、江戸千住から蝦夷地に赴任する本多松前奉行の一行と出立し、松前到着の四月二七日から五月一〇日まで和人地に滞在した旅日記である。旅の目的は物見遊山で、知人の仲介で松前の豪商の屋敷に逗留している。亀田鵬齋と大作とは江戸で亀田の知友・清水恒光を通じ面識があったと思われる人物であり、松前で遭遇したのかどうか気になるところである。

大作も見聞したであろう松前の様子を著した『陸奥日記』を見てみよう。『日記』は、江戸千住から始まる。

〔江戸出立の様子〕

文政元年二月二一日という日、陸奥へ下る人にいさなはれて卯の刻頃宿を立出る。送り給へる人々と千住の駅に至りしに、荷物の多く積置たる中に井上氏親子の名書たる会府を見たり。こは昔より知る人にて、此たびは松前御奉行御手付という役にて子息と伴に下り給うとて、爰にいこい給う人々多く見え候へば、立も入らず、其近き茶屋にやすらい、程経てかしこに至りしに、井上とくに見付てはし近く立出たまい、こなたの事とも聞給いつ、此たびは倅も御役勤る

郵便はがき

料金受取人払郵便

札幌中央局
承認

2041

差出有効期間
2024年9月
27日まで
●切手不要

0 6 0 - 8 7 8 7

803

札幌市北区北7条西2丁目
37山京ビル1F

有限会社 **寿郎社** 行

お名前　　　　　　　　　　年齢
（　　　歳）

ご住所・電話番号 等　〒□□□-□□□□

電話（　　　）　　－　　　e-mail

ご職業　　　　　　　　　　性別
（男・女）

本書ご購入の動機（○印をおつけください）

1 新聞・雑誌広告をみて（新聞・雑誌名　　　　）

2 書評をみて（書評掲載紙誌名　　　　）

3 書店店頭でみて　4 DMをみて

5 人の紹介で　6 その他

＊このハガキにお書きいただいた個人情報は、ご注文品の配送や新刊案内の送付のために使用いたします。それ以外では使用いたしません。

読者通信 本書をお読みになってのご感想・ご意見等、自由にお書き下さい。

書名：

特別注文書

本書をご購入いただいた方に限り、小社出版物でご希望の図書を送料小社負担で直接郵送させていただきます。下欄に書名をお書き下さい。

お支払いは到着後、1週間以内に同封の郵便振替用紙をご利用のうえ、最寄の郵便局からお振込み下さい。

書名： 冊数 冊

書名： 冊数 冊

書名： 冊数 冊

書名： 冊数 冊

書名： 冊数 冊

事とて逢せ給い、永き道すがら夫々幾たびか逢んなど宣う。いと嬉しかりける。此度の松前御奉行様は本多淡路守と申上御下向御行列を相見のまま。
行列直先御旗竿　御具足鉄砲玉箱　御弓矢箱対御鑓　御徒長刀御乗物　陸尺看板四本菱　御鑓二本御長柄　御草履床机挟箱　御茶瓶御馬沓篭　御箪笥両掛合羽篭　今年松前御奉行　文寅勤役本多君
幸手に泊り。今日は宇都の宮迄至り給うという。年六十四ツに成よし。頭は皆白髪なれといとすこやかなるか、渡りを急ぐとて行過ぬ。望も同じ程にて六七里の道を荷をだにもたて行。旅はいといと難有きとぞ。栗橋の川には水車の天幕打し御船六挺の艪にて御奉行様は御渡りなり。此川を渡り左の方光龍寺に義経木鎧、静の舞衣あり。

本多松前奉行の旅立ちの様子から、遠国奉行の旅装や随行の家来、荷物の中味まで詳細に観察している。

＊亀田鵬斎　宝暦二年（一七五二年）～文政九年（一八二六年）。江戸神田生まれ、通称文左衛門、号は鵬斎。日本橋の鼈甲商長門屋を継ぐ。幼くして学問・書を学び、後に私塾を開き経学や書を教え、旗本・御家人の子弟一〇〇〇余人が入門した。寛政の改革「寛政異学の禁」では異学の五鬼と睨まれ、門下生を失い酒に溺れ貧困に窮し「金杉の酔先生」と呼ばれた。陸奥の旅の前に信州を訪れ良寛ら文人・粋人と交流、主な知友には、谷文晁や酒井抱一・山本北山・大田南畝・清水恒光（大作の知友）、門人には藤田東湖や芳野金陵（清水恒光は義父）などがいる。多数の著書がある。赤穂浪士の忠義に感銘し高輪泉岳寺に記念碑を建立している。

＊魚澄子璞　鵬齋の高弟である日尾荊山の筆名。本姓は魚澄で医家林庵の子。名は政寛・璞・瑜、号は恭斎・荊山など（『日本随筆大成』「燕居雑話」、吉川弘文館より）。

〔文政元年（一八一八年）春の松前の様子〕

四月二十七日、大松前、小松前に諸船番所あり。此際に、坂道より御城すぐ道なり。橋あり。此右へ少し登るが、湯殿沢にて行当り羽黒宮なり。脇に見える、唐津門。井上旅宿へ立寄。それより、向うの坂道を登り、寺町、欣求院、浄土宗続きになり。青龍山専念寺門跡寺。金襖七賢の画、両だて。稲荷の社湯殿沢通り援光善寺。二王門血狐桜庭にあり。花遊山龍宮禅寺、法源禅寺。門は左甚五郎の名という。大洞山禅法幢寺は松前候の寺。五百羅漢堂。宗円寺、寿節寺、禅慈現寺は直ぐなり。八幡宮は海渡山阿呼寺、祈願寺にて護摩堂なり。神明町に神明宮。ここより地蔵山への道あり。遠くて行けず。此町の際に入すみ茶屋あり。春より三月まで興行。又、九月あるよし。今は、箱館に大谷広右衛門、座元にて興行〔芝居〕という。いつも俄太夫浄瑠理抔立にて、五日、月極にて、狂言を替るよし。札銭八拾文、至つてましな野芝居にて、皆見物に行くと思はるる。元の橋を渡りて川原町。中川原は遊女屋なり。

三十日　松前は女の少なき所にて軽き者は多くえぞ地へ参り稼ぎ、妻は商いをし、又日雇に出て暮すよし。女の商人多く、皆アツシを着、顔を包み、籠に、売物を入、濱辺の女は魚をも此籠に入れて、アブラメ「かはねかんす」〔買いませんか〕、アワビ「かはねかんす」と呼ぶなり。男の肴とりは、江戸の水菓子の箱に入れて鱒や鱒、「ホッキホッキ」と売るなり。

〔松前奉行所とウス・アブタ牧の馬産のこと〕

五月二日　曇り。昼過より晴れたり。先役夏目様は御着より今日迄、毎日御城へ御出。御引渡し相済候よし。四日には本多様こなたへ御暇乞に御入ありて事済候。
祝着に候。六日より風待に可相成よし、承り候。賭博売石とて二間程なり、ヒラメなる石の下の方、低く洞に成りたつ。往来にあり。町家道に懸てあり。むかし、此の洞の中にて、博打したるゆえ、此名あるという、今は埋まりて洞低くし。此前の海辺に十間余も杭打かこい、馬を多く入置きたり。是はえぞちウス・アブタの野より取来り。買人此垣に登りしよし。足見るよし。百疋余も見へ候。皆、津軽、南部へ売候よし。
アッシは松前にて多く着る事にて、舟方の者は残らず、着るゆえ、売る所、所々にあり。縫模様のあるは、壱貫五百、二貫、三貫。縫いなきは八百ほどなり。又白々の柄、無地にて、織たるは、ユタルべといいて、カラホ〔フ〕トより出。金は金弐分ぐらいなり。

官営牧場には数千頭が放牧され、良馬は松前に集められ津軽や南部へ供給していたことを立証する記述に注目したい。

〔松前商人のこと〕
五月三日　空晴れたり。阿部屋*は、問屋にて、昔は、大家なり。奥地へ送る、入用、塩五斗入俵、四万俵を、年々こなし候ほどにて、五百石より千石まで、二、三倍有し候程なるに、先年、三カ年前、六月二四日の大しけにて、此の濱にかかり居たる大船皆破船、なくしたり。

此時、阿部屋の大船十八艘、積荷も有し。大損有りしなり。されど、今も猶、川原町に隠居家、楠・大石の幟立し所なりとぞ。濱に問屋も多く候。此の大あらし、浜辺、所により油を打上げ家々移し候なり。三十七八年前迄は、此浦にても、多くニシン漁あり。春至り明けの日より、はしむ。御家中にもニシン館とて、御番御引被成りし。ニシンは切ものは是とりいたし背の方、ミガキといい、骨腹の方、明ニシンとて、上方コヤシに相成し。子は二つづつ入り。則、数の子なり。是をそのまま干し上る事にて、塩は用いず。五月中旬、中渡しとて、其頃は、エサシの町、一里程の所きしと船ならべて群集すとなり。

『陸奥日記』著者の亀田鵬齋の逗留先は、酒屋の本屋九兵衛の屋敷であった。

〔松前の賑わいと相撲興行のこと〕

五月五日　晴れ、又曇り。小雨も降りて、今日はいずかたなり餅巻を蒸すに、芋のようなる、ホドという実を茹で、二つづつに、菖蒲を添て出す。ホドはゆりの少し甘みあるものにて、豆の葉のごとく、つるの根に実いくつも附てあるよし。

まかど明神、社地角力は鞁旦に初日。此節、懸り居る船子の内大力のもの、飛入り物へ出て、東方大負関脇にて物いいに、まきらし打出し候よし。承り候。

東大関　若の松　又六　小倉　山太助　前頭　大角　勝五郎　行司　木村政吉

西大関　早渡喜右衛門　藤松　富士松　いせ嶋　蟹蔵

勧進元　羽立町　半兵衛
大札　七十八文　小札　五十文

七日　曇に、川際神社上及額に狩場明神の宮あり。此先に及部川、水増せば、幅広く見ゆ。秋はここへも鮭登るよし。盛んなるときは、石原へ飛上りて、手取りにもす、という。鈎にて、打懸上るもあるよし。昼過娘案内して、七面山へ登る。頂上にかろき堂あり。左右妙見と鬼子母神、安置なり。

八日　皆々まがとの角力へ御出のよし。初りに旅有とて、此坂本良亮の宅へ御まちなり。扨は此方にて、とて、しばらく桜井御咄もいたし、御誘い、被下桟じきにて角力の見物しけり。ここは居酒屋まれにて、喧嘩一度も見ず。

九日　御役所へ御礼に出て、其のまま帰り候。井上氏御立の後は咄しに参る所もなく、此程見ありきし、松前の町々真中かと、そういう所、沖の口とて、船付く。ここに、船役所あり左右に問屋多し。小松前という大手へ直ぐ道あり。城の裏行通り、横町という。ここに三筋の翼町あり。倉町、中川原、川原町の末、神明宮なり。城の後ろは、寺町なり。八幡宮あり。海道両

＊阿部屋　元禄年間に能登国から松前に進出した商人・村山伝兵衛の屋号。ここに登場するのは六代目伝兵衛で、松前藩主直領のソウヤ・トママエ・ルツモツへ・イシカリ場所経営で苗字帯刀を許される豪商に成長。幕領後は、蝦夷地御用掛の官用取扱方に命じられ、町年寄と町奉行下代役、長崎俵物買付総取締役を兼任。文化一二年（一八一五年）にイシカリ場所を独占経営したが、文化一四年から続く疱瘡流行で大打撃を被り、松前奉行から運上金半減と資金融資を許され危機を乗り切る。村山伝兵衛は、奉行から蝦夷地の海産物の製法や相場の情報などを求められ『松前産物大概《たいがい》鑑《かがみ》』にまとめ提出している。

方から浜ないく。入口の橋際より湯殿沢羽黒の堂、御城の後ろ櫓。ここに社寺町あり。海手は、弁天島、沖の口より東は大松前、袋町、えたの嶋、泊川。此上、山手がまがとの町々、重代の御屋敷後ろ、津軽陣屋。

袋町に、町役所あり。袴にて務める。御城下ならび、西館の役所あり。中川原、くら町は遊女なり。女郎をがの家という。心は眼の字にて、弐百文の昼なり。夜は四百文なり。湯殿沢にとも多く。心は初めは菰を覆ひて大船へ往来せしより、此所にあるよし。

女は都で良き生れ付にて、色白なり。いつまでも眉毛ありて、十六、七の心失せず。後家暮しやすく、親次第。女はしまりなきよからぬ風気のよし。見当らぬものは、米屋と二八蕎ば、居酒屋、喧嘩鳶、ほととぎす。其外、町名三の丸、東中町、浜口町、下町海手、船振場。神明町の末、芝居なり。七月宮は盆踊りがのじ役者も御城へ入る。うたいしよし、太鼓三駄見ゆ。群集す。八月十五日は、弁天御輿、行列にて、八幡宮へ御入り祭なり。大松前、山松前より家甚踊り、お城ご見物、町々を移り、賑うよし。

五月四日・五日座頭ごぜ、家々上り、三弦を引、歌謡えば、包銭を出す。此事は節句のこと、御役人の内、箱館へ交代の御方、船嫌いなれば、陸地御出立の方もあるなり。風良き船は一日に行くよし。白て、上よし、岡宮の駅、ふく嶋、シリウチ、キコナイ、トオベツ、ヤキナイ、有川、セキリテ、大野、ナナヘ、亀田、箱館にて二十五里、三泊四日の旅行のよし。箱を立たるごとき湊ゆえ、斯いうとなり。

魚類此節、多くは、鱒、カレイ、アブラメ、ソイ、ムラゾイ、アカゾイ、ホズキ、カジカ、テツクヒ、ヒラメ。えぞちの湊はコンブ、鱈、ニシン。夏、鱒土用コンブ、秋は鮭のみ。冬は湊せず。フキは、山へ行、多く取来りて、茹でて、グイス葉〔イタドリ〕を入、塩漬にして、香のもののようにす。酢めありて紅のよき色なり。ワラビも多く、山より取来りて、あくを出し、干上置て、多く汁の実にす。至ってやわらかなり。

銭の通い帳百文なり、昔より両替の法、六十目に四文、立日二文、十五分に壱〆は拾文なり。あるじ咄に、ここにも、諸国の人来りて、身上持しが多し。島八疋を壱人して、引いて、荷物八駄を一疋と松前ではいう。馬は百も弐百も持たる者あり。目印有りかし引行く。其日の用、済候えば、又、山に放ち置なり。其家にて、飼付る事はなく、年中野山の草を喰次第にいたし置よし。冬、雪降りしても、鼻にて堀明け根を掘り食らい、雪中は磯に出て、波に打上るごもくなど食べ候よし。専念寺などには、三百余の馬を持って、中には良きは乗馬にも売り。雑役馬にも売りよし。町々を十疋、十二三疋も一人して曳きおよべ、炭など売り歩くなり。明日は船出の噂なり。

これらの記述から賑わう松前での相撲興行や町民の暮らし振りが読み取れる。文化・文政にかけて、陸前の俳諧師・松窓乙二《しょうそうおつに》が、松前や箱館に訪れ（二度来訪で延べ七年滞在）し、『箱館紀行』を著しているが、文人や芸人、角力取りなどが内地（本州）と蝦夷地を活発自由に往来していたことが分かる。

大作の帰郷時期と帰路

『陸奥日記』にはさらに文政元年（一八一八年）五月一〇日、夏目奉行ら一行が福山湊から御用船「長春丸」で三厩を目指し出帆する様子も書かれている。

五月一〇日　天気良く風静なり、早朝より船手御役人や人足が湊に集って来て、船へ荷物などを運び、女人足は弁当の用意などをしている。

波無く船揺れず、八ツ頃に三馬屋（三厩）に着き皆々で悦び合った。

今朝松前より御金方御役人斉藤伊八郎様金三千五百両御登せ御立となり。

御奉行夏目左近将監様、御家来に三浦義十郎様（調役）、御手附小堀泰三郎様（同調役下役）、柳権十郎様（同調役下役元〆）、いづれも明日御立なり。

御金役斉藤様は十二年目にて御登りのよし。御夫婦御下りの処懐妊の上、御病気にて、此三馬屋に逗留中に秋田湊の医師漸先快方にて松前へ御渡りのところ、船にて、また不快となり産後死去と成し。

其娘子十二才なるを此度、連れて、御下りのよし。吉田屋咄候。十三日小雨なから三馬屋を立てほろ月に休み、平舘に泊る。

ここに同乗者の夏目の家来（用人）三名と大作と細井の名は書かれていない。

大作が帰郷を五月まで待ったのは、夏目奉行たちと一緒の御用船に便乗する都合に違いない。三厩に到着した夏目と大作一行は、道中津軽半島沿岸の平舘砲台場などを巡見し、福岡への到着は五月一五日となった。福岡への帰還を三・四月とする説もあるが、新暦との混同と思われる。同年五月、夏目が金田一温泉「侍の湯」に投宿し、大作の仮道場を訪れて激励し、天草樫二間柄の鉄芯を通した名槍を進呈したとの伝承がある。

この名槍ものらしき真鍮製の槍先が、石川家が所蔵する大作の遺品から発見され二戸市立民俗資料館に寄贈されている。

大作は平和に浮かれ賑わう松前にもしロシア軍艦が来襲すれば、町は瞬く間に壊滅するだろうと思うと「そのときは、南部藩から精強部隊を派遣できるよう準備しておく必要がある」と思ったかもしれない。

夏目奉行の勤番交代

夏目一行は六月上旬に江戸に帰着し、この時の旅程は二〇日間を要している。

夏目は登城して老中に自筆の『御目見願書写』(『伊達家文書』)を上申した。

その書状は、寛政一一年(一七九九年)から蝦夷地開発に尽力した御用達商人・伊達林右衛門の将軍御目見得の請願であった。

蝦夷地開発の各種工事には、豪商の財力を当て込み武士格や苗字帯刀を与えて奨励していた。全国の遠国奉行や諸大名も同じ手法で公共工事を豪商に仕向けて、多額の私財を投じた貢献者には将軍への御目見得が許されていたのだった。

文化七年(一八一〇年)から蝦夷地立会御用の支配勘定方・山木三保助が「蝦夷地御用立会御勘定方帰府之上差出候書面類留」「附御普請役帰府之上差出候書付」で松前会所(産物流通の統制)における「松前御用金元払所付」や「松前御用米元払書付」「松前除金元払書付」「松前市中家数人別」「松前附村々

炭焼竈数」「松前沖之口入船数」「心付候儀主役江談候趣申上候書付」など蝦夷地経営の実態を事細かく報告している。

西丸納戸役頭の高橋は、文化一三年（一八一六年）に将軍家斉の側用人から老中首座に就任した水野忠成の取次用人の家老・土方縫殿助を通じ猟官運動に金品を注ぎ込み、遠国奉行への転任を懇請したらしく、その二月に佐渡奉行に就任した。

第五章　幕政と蝦夷地の異変

第一節　老中首座の執政と蝦夷地政策

1　老中首座・水野忠成の専横政治

文化一四年（一八一七年）頃は、贅沢や華美なる風潮が下級武士や庶民にまで広がり、綱紀や士風は廃れ、幕府財政も赤字に転落して破綻寸前にあった。

老中首座・松平信明は、財政難の急場凌ぎに町人に御用金（臨時上納借上金）を課し、農民から国役金（河川・道路修築などで徴収する税金）を徴し、諸大名には御手伝普請（大規模工事奉仕）の賦課を命じた。「寛政の遺老」こと松平信明の強行政治への不満が高まる最中に、張本人が危篤状態に陥って間もなく急死するという事態が生じた。後任の老中首座には、田沼意次の人脈に繋がる沼津藩主・水野忠成《ただあきら》が大抜擢された。

水野は旗本・岡野知暁の次男で、沼津藩主・水野忠友の婿養子となり、幕閣に加わって将軍家の縁組に貢献するなど頭角を現し登用された。

就任早々、田沼意次の重商主義を真似る財政改革に着手し、御用商人に御用金を賦課し、買米《かいまい》依存を改めるため貨幣改鋳を繰り返して一時的には財政好転の兆しを見せた。

しかしその一方で、将軍家の縁組費用や大奥運営経費を補うために賄賂を公然とする「金権政治」に走り、田沼時代を凌ぐと言われた。

幕政を牛耳る忠成の専横政権に対し、老中職の青山忠裕や阿部正精・大久保忠真・松平乗寛らは誰一人として物申すことはできなかった。

水野の家老・土方縫殿助は、賄賂指南役として敏腕を振るい、仕官や出世を望む武士や野心ある政商などが早朝から門前に列をなすほどであったという。

2　箱館商人と松前商人の対立

松前商人の中には旧領時代に請負場所の経営で暴利を得たのを忘れられず、幕府直轄となっても松前藩との繋がりを持ち続ける者たちもいた。そうした商人たちは松前藩の復活運動に密かに荷担していた。

松前商人は西蝦夷地の場所経営に専任されたが、旧態の経営方法で幕府の方針に反していたので、奉行所は改善策として入札制度を取り入れた。箱館商人と松前商人の勢力が逆転し、反発する松前や江差の商人たちは松前藩に荷担し復領運動に拍車をかけたのである。

幕府御用達の高田屋嘉兵衛や松前奉行御用達の北村甚右衛門・田中金六・伊達林右衛門は別格として、松前藩時代の藩御用達商人らは、藩の復権を夢見て梁川へ国替えした後も運動資金を用立てていた。

松前・江差・箱館に本・支店を構える商人は阿部屋伝兵衛などのほか十数件であり、西蝦夷地の請負商人には江戸に本店を構える栖原屋三郎兵衛・天満屋三四郎・飛騨屋久兵衛・恵比寿屋勘七らがいた。

東蝦夷地の請負は、江口屋角兵衛・江差材木屋藤右衛門・近江屋利兵衛・笹屋治兵衛・高田屋嘉兵衛(金兵衛)・箱館村田屋七五郎・浜屋久兵衛など多数の商人が関わっていた。

文化一一年(一八一四年)一二月、松前奉行支配吟味役・高橋重賢が西丸納戸役頭に異例の出世をしたのと時を同じくして、松前の材木屋熊次郎が根室場所請負人からはずされ、高田屋嘉兵衛と亀屋武兵衛が新たに根室場所請負人となった。

材木屋排除は、経営不振とアイヌ撫育不行届がその理由とされたが、高田屋と高橋の策謀だとの風聞が流れ、松前は不穏な情況となった。

翌年春、松前町人が根室場所請負継続または入札にするべきと松前奉行に嘆願し、根室場所を松前御用達の伊達林右衛門と栖原屋半助、箱館御用達の高田屋嘉兵衛と亀屋武兵衛に七カ年季の請負で折半して事なきを得た。

箱館問屋七軒が冥加金を一カ年四〇両に増額して上納するなど、箱館商人と松前商人の財力の格差は歴然であった。一部役人と箱館商人との利権絡みの噂も絶えることはなかった。

3　蝦夷地経営方針の論争

奉行所内では江戸表からの公平に入札請負をとの意向を受け、松前商人・阿部屋伝兵衛が石狩場所を一手に経営することの是非が話し合われた。

「阿部屋の経営が不振となれば、松前全体の経済に影響を及ぼすので、特別扱いをしても当然だ」とする松前商人擁護の意見があった一方で、「御収納方元締*と町年寄*を兼務する阿部屋だけに特権を与えるのは不公平だ」とする入札請負派の意見もあった。「ならば身内の阿部屋伝次郎の名目で請負わせるのはどうか」との阿部屋に肩入れする折衷案も出るが、奉行所内が松前商人擁護派と箱館商人擁護派に二分され、結論は出ずに結局うやむやのままにされた。

4　安藤奉行の罷免

文化一二年（一八一五年）八月、安藤奉行は赴任して一年余りであったが、場所経営などの不適切な運営を理由に罷免され、西丸先手頭に左遷された。古参役人の意見に押されるなどして奉行として明快な判断ができなかったためと思われる。

後任には小請負奉行・本多繁文が就任し、服部奉行との二名体制に戻るが、文化一四年（一八一七年）には服部奉行に代わって夏目信平が就任することになった。

5　場所経営に商人反発

文政元年（一八一八年）に改元（四月二二日）され、松前や箱館の前浜では鰊の豊漁は続くが、蝦夷地全体の漁獲量は激減していた。東蝦夷地の昆布も不漁で長崎交易に必要な昆布は年三〇〇〇石から一〇〇〇石に落ち込むなどしていたため商人らは生き延びるのに必死であった。

さらに、石狩場所では疱瘡が流行し、働き手のアイヌの人々が多数亡くなったため、阿部屋の経営が傾き、幕府は阿部屋に対する三カ年の運上金半減や経営資金を補償するといった手厚い援護を行った。

しかしそれら援護資金の一部は古参役人などの懐に流れるという仕組みでもあったようだ。

その一方では、根室場所七カ年の約束を反故にして、箱館商人の高田屋と亀屋が一手に場所経営を請け負っていた。松前商人の伊達林と栖原屋には四カ年分の損金を補償することで不満を抑えたが、松前商人たちの怒りは増すばかりであった。

これらの経過を見て分かるのは、松前藩復領を支援する松前・江差商人と、蝦夷地直轄継続を望む箱館商人との激しいつばぜり合いであるが、その背景には古参役人と松前商人の結託や豪商高田屋と高橋との癒着の風聞もあった。

高橋は両派の商人の間を巧みに立ち回り、どちらに転んでも役得のある立場になっていた。

夏目松前奉行は、こうした松前奉行所の古参役人らの悪しき習慣、例えば勤務先との往来や江戸勤番での路銀などの基準が曖昧で使い放題のような状況などの改善に努めるが、特権意識が身に付

＊御収納方元締　奉行所御用達で苗字帯刀を許され、船改・運上物取立・市中問屋取締を行った。

＊町年寄　町方の代表で市中の撫育を行う世話役。

いている古参役人からは猛反発されるなど問題を抱えたまま本多奉行と入れ替わりに江戸に帰参した。

6　松前藩の復領運動

蝦夷地復帰の密命を受けた元松前藩士・松崎多門と秋山角兵衛は、江戸に潜伏し、蛎崎筆頭家老の指示に従い、蝦夷地復領のための裏工作を続けていた。

松前藩は松前・江差商人に復領の暁には請負場所の権利を与えるとの空手形を乱発して献金をさせ、江戸や上方の商人と親交を深めるようにさせた。情報を得るためと資金調達をするためである。

蛎崎家老は梁川に留まらず、画才を活かして江戸の幕閣たちと交遊し、京都にまで足を伸ばして復領運動を続けていた。ときには絵を売って資金を稼いだ。

松崎は箱館の浜屋に寄留して経営の極意を学び、江差・松前・箱館の商人に接近して資金調達に奔走していた。内地に本店を構える飛騨屋・栖原屋・福原屋などと連携するために江戸にも上った。松崎は秋山と、江戸の政商・越後屋や各藩の御用商人であり上方随一の酒造や海運業屋・両替商を手掛ける鴻池家とも繋がり、赤坂溜池に古物商・池野屋風雅堂の看板を掲げて幕閣の屋敷に出入りするようになっていた。

文化一〇年（一八一三年）には、松前の柏屋や柳原六兵衛などから五万両の資金を調達することに成功し、その資金を賄賂の元手にして、幕府や朝廷の意向を探るなど必死の運動を展開していた。

特に幕府の実権を握る老中首座・水野忠成の屋敷への日参は絶やすことはなかった。

第二節　兵聖閣の完成と実戦訓練

1　新道場「兵聖閣」の完成

文政元年（一八一八年）春、蝦夷地から戻った大作は、福岡市街を望む金田一前平に道場の建設を始める。一方、萱次郎は、平山道場での門弟仲間らに新道場への支援を頼むため江戸へ向かった。

新道場を建設したのは、大作の名声を慕い日ごと集まる門人が二〇〇人にも増えて土蔵の仮道場には収まらず、近代砲術の戦闘演習には広い場所を必要としたからである。

一〇月に完成を見た道場は、恩師・平山行蔵の「兵聖閣」と同じく武術流派を忠孝真貫流（実用流）とした。兵学は「構文実学流」の看板を掲げた。兵聖閣の主な建物は、書院となる形水館、隣に経書・兵書を講義する講文堂と武術を行う演武場を設けた。

その周辺には、武器や大砲の弾丸を製造する鍛冶場や試射場・塾弟合宿場・納屋・勝手・厩舎を備えた総面積五〇町歩と大規模なものになった。

「他流試合勝手次第、飛道具其外矢玉にても苦しからず」と門戸を開放した。

兵聖閣の開設で門を叩く者が後を絶たず三〇〇名を超えたが、年少者や初めて木刀を握るという初心者の入門もあった。

新道場盛況の理由は、武術熱の高い南部武士の心意気だけにあるのではなかった。その背景には南部藩の財政事情による金上侍《かねあげさむらい》*が急増していたこともあった。

大作は筆頭師範代に下斗米惣蔵を指名した。惣蔵は大作より五歳年長ですでに新当流武芸や兵法・天文・易学に長じていたが、大作の平山行蔵仕込みの武芸十八般の凄腕を見分して一番弟子に名乗り出たのだった。

道場開きの日を迎え、大作は弟子らを前にして平山が『剣徴《けんび》』と『剣説《けんせつ》』に著した武士道の心構え「忠孝真貫流規則」を訓示した。

一、「慮《おもんぱか》りすでに定まれば、進退疑いなし」、「決死の一人、千人を走らす」

一、「それ剣術とは、敵を殺伐することなり。その殺伐の念慮を驀直端的《まくじきたんてき》（まっしぐらに）に敵心へ透徹するをもって、最要とすることぞ」

一、「われは思い込みし所を、ただ一刀に打ちすえるべし」

と、大作は門弟に一刀必殺の意気と死覚悟の鍛錬姿勢を説いた。

そして北辺警備の決意について大作は次のように語っている。

近年しばしば我が北海を窮う者は露虜〔ロシア人〕なり。我が百年の憂をなす者は露醜なり。其の来寇〔来襲〕何れの時に起こるかを知らず。一目緩急あらば身命を君国に捧げて北海の警備を藩主に乞い、進んで露寇を殲滅し、以て当年の国辱を雪ぐべし。

2　兵聖閣の猛稽古

筆頭師範代の下斗米惣蔵は、入門時から大作の教えや厳しい実戦訓練の様子を次のように著している。

実戦訓練の様子

　文政元年（一八一八年）秋〜文政二年（一八一九年）のことである。

　下斗米大作は人家の多い福岡町内に住居を構えていたため、いろいろな人々との交際や来客の多い日々が続いて、学問や武芸に集中することが難しくなり、修練も怠りがちとなるため、門弟らと相談して金田一温泉〔宿場〕の西側にある前平という深山に武術稽古場を新築し兵聖閣と名付けた。

　昼夜の別なく粉骨砕身して兵書を学び武術の鍛錬に打ち込み、一日がひと月とも思えるほどに精を出して励んだ。一カ月間に七日の稽古があり、七日目が終わると九日までのうちの三日間は門弟全員を休息させ、座学して議論させたり、鉄砲を撃つ者には鳥獣の猟をさせ、山野を散策する者には山菜などを採集させ、沼川で泳ぐ者には魚類を猟取させた。

　そのほか、稽古日には登山鍛錬も行うが、一三歳の一条小太郎が二二貫目の石製の大砲模型を素

＊金上侍　南部藩は蝦夷地警備の負担増や凶作続きで財政難となり、文化一〇年（一八一三年）に幕府から一万両を借り受けるが、それでも財政は追い付かなかった。藩政改革では新田開発や御用金献上を奨励し、貢献度の高い商人などに侍株《さむらいかぶ》（武士資格）を与えたが、農家の子弟にまで奨励したため、金上侍《かねあげさむらい》の数が急増し、四〇〇人ほどにもなった。この手法は他藩でも横行するが、一時的に収入増になっても長期的には家禄が増え続けて財政難に拍車をかけた。成金侍が増えることで士風衰退を招き、大商人に藩政を左右する実権を握る者も出るといったような弊害もあったようだ。

手で膝台に持ち上げ、それを見た大作は大変に感激して江戸の平山行蔵先生へその怪力振りを手紙で報せた。平山から怪童小太郎を誉め讃える返書が届いた。

福岡通御代官・中野周右衛門との面談

文政二年（一八一九年）のことである。

中野は謙信流の兵学者で、福岡通代官に赴任して来たが、大作の武芸の評判を伝え聞いて表面上は誉めてはいたが、内心では「木の太刀や石砲の類の大器ばかりを取り扱うのは、世間を恐怖させて評判や名声を得るため」と密かに疑念を抱いて、そのうちに誹謗中傷をするようになった。

稽古拝見を望む中野から長く重い武器を用いるかの問いに、大作は「各人の性質に合う重さ・強弱の武器を我が流として身に付くようにと、今日より明日にはもっと長い竹刀や重い木太刀を振らせ、日々、手が張るほどのものを使わせて、自然と腕力を付けさせることを教導の要にしており、一見初心者のように見えるのである」と答え、門弟の中から八・九歳から一三・一四歳の者らに大器物を使わせると、壮年者のように使いこなすのを見聞した中野は大いに感服し「これぞ、身を殺して心が勝つとは、斬る武術の極意」との心情と謝礼を述べた。

一方、簗部《やなべ》善次郎著『相馬大作年譜考』には次のよう書かれている。

中野代官より度重なる金品の援助が続き、過分な行為に疑問を抱き辞退を願うと、中野から「大作の行動に疑惑を持つ藩の重臣らは、何か事が起きれば迷惑と恐れ、閉鎖を望む中で、藩主利敬公がお手許金から渡されているもの」と聞き、大作は感激し、「藩公に何か事あればその馬前に殉する」と堅く忠誠を誓った。

近代戦法の大演習

文政二年のことである。

大作は近代戦法訓練の成果を披露する大実地演習を前平丘陵の演武場周辺で開催し、江戸からは平山門下の細井萱次郎や木村庄之助・大釜紋三郎が応援に駆け付けた。

実践さながらの戦闘訓練では正確な大筒の実射などの妙技に、福岡代官・中野周右衛門をはじめ、冷やかし半分で集まった観覧者らを驚嘆させた。

初めて披露する西洋流砲術などの実戦訓練は大成功を収め、萱次郎らの三人は道場を手伝うのと浜松第二道場の建設計画の件で福岡で越年することにした。

『惣蔵の手記』では福岡御代官・荒木田弘司との鉄砲問答と試し撃ちについて次のようなことが書かれている。

荒木は盛岡城下の謙信流師範家主で、先師からの弟子が一四〇〇〜一五〇〇人あり。鉄砲は神的妙火流種ケ嶋流の師範で大師の家柄である。福岡御代官役所に詰合中も謙信流の門弟が六〇・七〇人もあり、見物来訪者も多く、賑わしい限りだった。

同僚〔隔年交代勤務〕の中野代官は門弟らに「福岡帰郷の大作は、江戸の平山行蔵の門弟となり、わずか数年で武芸十八般の免許を得、兵学・槍剣の名人で鉄砲や大筒の仕掛けもいたすとは疑わしきこと」、「鉄砲の内で町積〔測量〕のことは誠に秘密にしてなかなか当時は、銃身の角度により射程距離が定まらずに的中確実な者はおよそ天下中にあるとは聞かず」との大作の腕前を疑う発言に、町積を知らぬ門弟らが「その面倒なる術を見てみたい」と望んだ。

荒木の発言を伝え聞いた大作は、「しからば、本物の砲筒でなく木製の砲筒なので、射程距離に少し差違が出るのは御免被り、拾五貫目の町積でのご見聞を」と実射を請け合った。

実射当日、荒木は代官所裏手御門から四〇・五〇間（一間約一・八二メートル）ほど向かった畑に出て待った。大作は実射する所から高見で眺め「三〇〇間の町積と拝見いたした」と代官に伝言させた。荒木は無届けでの砲術訓練だが大作に承知の合図をしたが、心配気に臆病者のように見えた。大作は猿ヶ池の水上に出て、「これより南の隅の役所と種市屋敷との間に一〇間ほどの畑の真中に当たるように三〇〇間の距離に量ること」と門弟の栄八に三〇〇間を測らせた。右に五間違えば役所の宝蔵屋根へ落ち、左に五・六間違えば種市屋敷の五間程の所に落下する計算となる。大作の門弟らは、目標を左右五・六間違えばどちらかの家屋を直撃し火事になると心配し、手に汗握り息をのんで見守った。

大作は門弟の惣藏に砲筒と寸分違わぬ計量で銃器（弾丸・火薬）を仕掛け、砲筒の口々を念には念を入れ間違いなく備え付けた。

点火口へ着火すると、大筒の音は雷のように響き渡り、大きな砲弾が鶏卵ほどに見えるまで上がると、心配する者たちの頭上を超えて三〇〇間と見込んだ畑の真中に地響きして落ちた。荒木の足元に近い場所に大筒の玉が落ちて、土中から土煙が立ち轟音が鳴り渡ると、三間四方にも火の粉が振ったので気色を失うほどびっくり仰天した。

一刻半も火が消えないほど火力が強く、民家の密集する場所のため火の粉で火事にならぬように計算ずくで仕掛けたと聞いて感服した。

その後昼には、第一番登りの「煙龍変起雲」、第二番に「紅煙」の大筒を打ち上げ、天から紅色の広さ三間ほどの煙りが地面まで引き棒が立ったように半時ほども消えなかった。

夜には第一に「七曜変千疋火龍」、第二に「千毬変雷火」、第三の最後は「雷火」が撃ち上げられ、いずれも目標を爆破する上出来で、誠に珍しい業物ばかりで、大勢の見物人から誉めちぎられるほどの評判であった。これ以降は、荒木代官は大作を侮り見下すことなく、「兵法や武芸の一番に勝る者は大作であり、諸芸万事に行き渡っている」と賞賛し大作に教えを請うことが多くなった。

演武場の門弟や平山門下高弟の大釜門三郎・細井萱次郎・木村庄之助と福岡の門弟、田中舘栄八・一条八十司と弟小平太・下斗米惣蔵と弟軍七・平傳四郎・一条小太郎・田中舘連司・欠端浅右衛門と弟西女太郎・黒沢竜助・関良助・下斗米龍之助〔大作の弟〕・関衛馬介・赤坂弥七らと一緒に数日の猛勉強の労を慰める大宴会を開いた。

夏目松前奉行の福岡来訪

文政二・三年〔一八二〇年〕のこと。

文政二年四月、大作は参勤で松前へ向かう途上に夏目松前奉行と面会し、大演習の計画や海防訓練のできる第二兵聖閣を遠州浜松〔現・静岡県浜松市〕に建設する計画を打ち明けていた。浜松は家康公由縁の「出世城」浜松下で、近くに「生誕の城」の岡崎城がある士風を重んじ武道が盛んな土地柄である。

東三河の幡豆郡六栗〔現・愛知県幸田町〕は、夏目家初代が陣屋を構えた地で三代を祀る菩提寺「明善寺」と夏目中屋敷の墓地を縁者が守護していた。

浜松の三方ヶ原は野戦訓練の適地で、浜名湖と佐鳴湖は水練や海戦訓練に最適な立地条件であった。

海防強化策を重要とする発案で、平山行蔵や一門の協力志願者が名乗りをあげていた。

第六章

連続する凶事と志の変節

第一節　度重なる凶事

1　藩主・南部利敬の憤死

文政三年（一八二〇年）四月、参勤交代から帰国途中の南部藩主・南部利敬に生母涼雲院《りょううんいん》危篤の知らせが届き、道中を急ぐが豪風雨のため数日遅れて帰城した。利敬は極度の疲労と津軽越中守の侍従昇進の知らせを気に留め鬱《うつ》病になったが、不眠不休で母の看病に努めた。しかしその甲斐もなく母は死亡する。失意が重なり疲労困憊した利敬は葬儀の焼香中に突然倒れて意識を失い重態になった。

大作は藩主危篤の報を受け、日夜徹し稲荷神宮や天台寺の神仏に回復祈願し、門弟数人を連れ八戸八幡宮へ参詣するが、六月三日、祈願空しく三九歳で急逝した。津軽藩主の侍従昇任が真ならば、後継の藩主の上席に座することを悔やみ怨みを遺言にしての憤死であった。

すでに、後継世継ぎには南部吉次郎利用《としもち》と決めていたが、家老たちは若年のため藩主の死を幕府に内密にし、世継問題を再考すべきとの議論で城内にくすぶる家老らの派閥争いに火が付き、藩内は二派に割れ混乱した。

南部藩の体制は、藩政全般を司る家老中心の表組織と藩主と親族を支える裏組織の大奥に分けられ、藩主が藩政に関与するときには、大奥側近で上席の御側頭《おそばかしら》（家老職見習）を連絡役にしていた。利敬は藩政熱心のあまり、家老職を遠避けて藩主専政を行い筆頭家老らを無視して各奉行らへ直接命令することが多く、参勤交代で藩主不在中にあっても、藩政を家老らに委ねることはしなかった。

前藩主に不服を抱く家老らは、藩主利敬の急死を機に、造反組の筆頭家老を中心にして藩政を取り戻すのに躍起となっていた。

2　松前異変と夏目奉行との再会

同年五月、松前の地では異変が起きていた。本多奉行が突然として罷免され、無役の小普請組支配に左遷されたが、その理由が「不行き届き」とだけとされ相方の夏目奉行には何やら解せぬものがあった。

その後任に佐渡奉行・高橋重賢が任じられ、諸大夫に昇進して官職名越前守を名乗り、五月二五日に意気揚々と松前に赴任してきた。

夏目奉行は江戸勤番のため、高橋に諸々の懸案を任せ、六月一三日に松前を出立し、江戸に向かう途中福岡宿に立ち寄り、大作を宿に呼び寄せた。馳せ参じた大作は夏目奉行を見て驚いた。筋骨逞しかった体が痩せ衰え、老け込まれたように見えたからであった。

大作は前年八月に亡くなった夏目の奥方の弔意を述べ、わざわざのお立ち寄りに感謝を述べた。そのときのことが『惣蔵の手記』に書かれている。

大作の門弟で福岡代官所詰合の一条平作が「この度、松前御奉行の夏目左近将監殿がお勤め交代で江戸にお登りなるに付き、当福岡九日町の日野屋萬右衛門宿に来る六月二〇日に通行するとの先触れのお達しが有り、師匠〔大作〕にご用があると仰せのこと」と伝えてきたので、大作は最高のことと大喜びした。

南部藩は国主の死を当年中は病気の事として幕府公儀へ届け出たが、年内中に昇進の奉書が到来するとの期待もあって病死の届けを出さずに病気療養のままになっていた。

公儀へのお取り計らい方についてのお願いを高弟どもと相談し、夏目先生へお心付けのうえ相談してはいかがと一同で相談して決めた。

それから、大作は土産に、地元名産物の片栗粉や松山化石、湯田村で産する蟹・亀・蛤などの化石を取り揃えて、二〇日当日に福岡本陣でお待ちしていたところ、申の刻（午後四時頃）に夏目先生が到着された。

福岡通代官所の諸役人ども皆でお出迎えの挨拶を済ませ、夜になって大作が面会をお願いしたところ、取次用人が早速面会の手筈を取って、大作が挨拶をするために夏目奉行をお訪ねした。お互いに再会を喜び、四方山話の後はかねてより内々に相談していた国主*の次第を委しくお頼みしたところ、左近殿が申すには「それは、いと心易き事」と受け合ってくれたので、大作は大いに喜んで、「何分にもお願い申し上げます」と繰り返しお頼みして、お暇乞いして帰宅した。

3　予期せぬ萱次郎の訃報

『惣蔵の手記』から。文政三年〔一八三〇年〕七月から九月のこと。

予てから〔前年〕約束の遠刕〔遠州〕に武場設置のことに付き、萱次郎と木村庄之助を江戸から招き、大作は、「当春に相談し置いた、遠州浜松城下に一五〇〇名規模の武学場「兵聖閣」の新設計画を取り決めていたが、この間いろいろな事件が起きこれまで失念していたが、ご苦労ながらこれから両人に遠州へ登って、様々な準備に始末を付けて武場建設を進めるように」と詳細を言い含めた。

そのほかに「この書面は、秘密の用件であるが、江戸の夏目左近将監殿の用人木村多左衛門に面会のうえ、早々に返書を願いたい」との伝言を頼んだ。

両人はすぐに旅装を整え、二月一一日に福岡駅を出立し両人は昼夜道を急いで福岡から一〇日を要して江戸へ到着し、早速に本所二つ目に有る夏目屋敷を訪れ、木村多左衛門に面会した。

大作からの言伝を告げて書状一通を手渡し、それから両人は遠州浜松城下に向かい、浜松では重役人の某氏を訪ねて、大作からの書面に詳細な言伝を述べて手渡したところ、役人某氏から「かねてからの約束、待ち兼ねていたところであるが、すぐに建築に着手する日も決め、武場建設は首尾良く成就できる」と聞き、木村庄之助を残し置き、細井萱次郎が大作に首尾万端を知らせるために福岡に向かったところ、箱根山麓の旅宿まで来て急病を患い、薬石功験〔薬や治療の効果〕もなく、終には七月一四日道中途上の下総松戸宿で無惨にも命が果てたとある。

萱次郎の実弟・知義からの書状には、江戸市中の知友人に浜松「兵聖閣」建設の支援を要請し、その足で遠州に向かい浜松や掛川の知人・縁故を訪ね、建設地の目処を付け、秋竣工の手筈を取り付けた吉報を大作に届ける道中に体調を崩したという。

早籠を飛ばし松戸宿の縁者の医師・山田宅まで辿り着くが、高熱で朦朧とする死の際に認めた遺書と形見の品が細井家に届けられたという。

その書状が大作に届いたのは、九月一一日のことで、愁傷極まり「我が右腕を切り落とされた」と盟友の急逝に落胆しむせび泣いた。

4　南部藩のお家騒動

文政三年（一八二〇年）の九月下旬の『惣蔵の手記』には、江戸表の夏目用人の木村多左衛門からの飛脚が到着したことが書かれている。届いたのは左近殿（夏目）からの密書で、「夏目殿が松前から

＊国主の次第　南部藩主の死亡届けの際には、同時に後継者の届出を行う必要があった。
大名家の相続には厳しい定めがあり、世継ぎを決めるには将軍の承認が必要で、一七歳未満の相続は認めず御家断絶が原則だった。御目見得や奉公可能な年齢基準を一七歳と定めて相続と領知支配を認可したのである。相続問題が御家騒動の火種になる例も多く、大名は家督相続には慎重で、参勤交代途中での不慮の事故をも想定し、事前に「仮養子《かりようし》願書《ねがいしょ》」を老中に届け預けた。臨終間際に養子を指名する「急養子《きゅうようし》」（末期《まつご》養子）の例も多く、旗本・御家人も同様であった。

藩主の死亡日を偽り急養子指名の例は多く、「公辺内分《こうへんないぶん》」（表沙汰にせず無届で処理する）という言葉があるように、そのことが明らかでも公儀は見て見ぬ振りすることがあった。

御家相続を存続するために大名の死亡年月日の操作や相続人の年齢詐称や兄弟入れ替えも都合次第で行われた。血族が絶えたときは、他家との養子縁組で危機を乗り越え、名家相続の養子縁組では養子側に恩義を着せ多額の持参金を要求する事例も見られた。

将軍家斉の多数の子女を大名家に養子縁組みを強要し多額の婚姻費用を負担させ、財政破綻した大名家も出たので、老中・水野忠成は将軍家に縁組みを断っても賄賂次第で不敬とならないように配慮した。

江戸に上る節、盛岡六日町本陣において南部藩家老の新渡戸丹波殿が見舞いにおいでになり、四方山の話の際の藩主太夫殿が病死の件の話は落着しないこととなり、太夫殿の病気中のことは奉行からは幕府公儀へ訴え届けなければならず、今病死届を出さなければ、幕府方に気付かれたときには大変恐れ入ることになるので、ただ今申し上げることは、どうかご容赦いただき何分聞き捨てていただきたい」とあったと記している。

一方その頃、南部藩内では公儀への藩主死亡報告を保留したまま、家老間の権力争いが続き、前藩主時代の政治に加担した家臣たちが役職の上下を問わず更迭されていった。

家老職の新渡戸丹波はもちろんのこと、代官頭取金田一善右衛門なども罷免され、目付・寺社町奉行・地方代官に至るまで前藩主を支持していた役人は末端に至るまでことごとく処分された。藩医・島立甫《しまたてすけ》などは藩主の治療で薬に毒を入れたという嫌疑によって家禄・家屋敷が没収された。

兵学者で花巻城代の新渡戸維民《にとべこれたみ》は、花巻城縮小方針に反して城防備の重要性を説いたため藩議反逆の首謀とされ、下北郡牛滝(現・川内町)へ流罪にされ、大作が知る長男・*新渡戸傳《にとべつとう》も父に伴った。中野福岡代官ら支援者も罷免され、兵聖閣*の道場経営の大きな痛手となった。

第二節　大作江戸へ向かう

1　門弟への訓示

文政三年(一八二〇年)一〇月、大作は門弟らになお鍛錬に励むように告げ、夏目夫人と萱次郎の墓参と浜松道場建設の件で江戸に出向いた。

『惣蔵の手記』によると、大作は高弟に「軍は在天に、余は困義軽しと雖も、君々たらずんば何ぞ臣々たらん。運を天に任するも余を塵芥の軽きに比するも、全く君の恩に困る処ならずや」と言い残したとある。

表向きは萱次郎と夏目夫人の墓参だが、真の目的は津軽侯の位階昇進や幕府の蝦夷地警衛方策を

＊新渡戸傳　新渡戸維民の長男で、大作の五歳年長。文化三年（一八〇六年）に藩重臣の新渡戸丹波（盛岡本家）が、下北半島沿岸の遠見番所や御陣屋、御台場を巡見したとき、将来の大器と見込む花巻別家の傳（一三歳）を連れ、大砲「巨靈神」の試射を見分したと言われる。

成人して種子島流砲術や田宮流居合術・戸田流剣術・新当流槍術・上杉流兵学を学んだ。江戸の兵聖閣に大作を訪ねたことがあるらしく、後に江戸芝金地院に大作の墓碑を建立した。材木商で得た資金で三本木原を開拓した。『武士道』の著者・新渡戸稲造は孫に当たる。

＊道場経営　道場では入門する際の礼金や修業中の授業料などはなく、免許皆伝のときに相応の謝礼金を払うのがしきたりである。そのため門弟が多いからといって道場収入が潤沢とは限らない。

大作は道場の運営資金をどう工面したのか。実家の平野屋や支援者・塾弟の親族などからの食糧などの提供では賄いきれなかったと思われる。

免許皆伝の謝礼金はどうか。大作が熟練者への免許皆伝書や若年者への修業目録を授与したのは文化一四年（一八一七年）から文政三年（一八二〇年）に限られる。

免許皆伝の段階は、習熟度合いに応じて「目録」「印可」「切紙」「初伝」「中伝」「奥伝」「免許」「秘伝」「皆伝」「免許皆伝」の順に進む。秘伝の極意は、口伝や体伝、心伝、巻物、伝書などによる。講武実用流では、武芸十八般ごとに「表《おもて》」「中極意《ちゅうごくい》」「極意・奥儀《おくぎ》」「皆伝《かいでん》」「指南免」「許秘法」の六段階がある。無心にして正確な履修ができるまで素振などを日夜繰り返して鍛錬し、それぞれの形を極めて「伝授次第」と「免許階梯《めんきょかいてい》」を伝授し、奥義は「口伝《くでん》」によった。これらの謝礼金が主な収入であったかも知れない。

福岡兵聖閣で免許皆伝された高弟には、田中館廉政や下斗米惣蔵・下斗米栄八・関良助・下斗米軍七・下斗米昌高・一条小平太・関衛馬助・原田源之丞・田中館直七・小笠原鉄太郎などがいた。

探るためだった。しかし高弟には「君恩に報いる」と意味ありげな言葉を残して出立した。

2 萱次郎の弟・知義と岩名親子との再会

江戸に着いた大作は美濃屋金子家を訪ね、美濃屋から逗留先にと日本橋の知人宅を世話された。萱次郎の弟・知義と親友・岩名昌山が遺言状を携えて大作を訪ねて来た。三人は萱次郎の壮絶な遺言状を涙ながらに読み返すが、書状は、汗や涙が染み込み萱次郎の悔しさが滲んでいるかのようであった。

文政三年辰七月一四日　細井象水〔萱次郎〕遺言状
扨大丈夫の半途にして　天命を隕するは抑気運　使然なり
爾は何家業を興し又国を顕哉管要　外不及他事此以光明以上　何をか言はんや
辰　　象水細其神　　七月十四日
与　小子知義殿
尚々おかか殿萬亀殿へも申し遺度候得共　最早眼くらみ腕まわらず候

萱次郎と岩名家とは家族同様の付き合いで、大作も何度か訪ねて懇意にしており、医師の父・岩*名昌言から自邸に招かれ、兵聖閣の大事に備え戦傷治療法を習得することを理由に寄宿先に決めた。大作の行動を詮索する者の目を欺く用心もあってのことである。

3　萱次郎の不審死疑惑

岩名昌言は萱次郎の死因について、「眼がくらみ腕まわらず」の症状が当時流行の疱瘡《ほうそう》（天然痘）やダンボサン風邪の高熱症状と似てはいるが、からだが痺れ、腕がまわらなかったことから毒薬も疑われると見立てた。ダンボサン風邪とは当時越後で流行っていたお囃子のかけ声「ダンボサン」が語源となった風邪。

萱次郎の死に疑念を抱く者は多く、「津軽藩は萱次郎を大作と切り離すため家臣登用を勧誘していた」といった風説もあった。

津軽藩は南部領内に放つ早道之者（忍者集団）を使って兵聖閣の砲術大演習などを探っていて、津軽藩による暗殺も考えられる。さらに、蝦夷地強化策を唱える平山門下が支援する浜松第二道場建設を危険視する幕閣が、萱次郎を尾行監視する間者や刺客を放ったとの憶測も流れた。

4　萱次郎の父に弔問拒まれる

大作は萱次郎の父・知雄に弔問を願うが、弟・知義から「父は亡兄の勘当を解かず、菩提寺の等々力（現・東京都世田谷区）満願寺*の墓所の埋葬も許されず、遺骨と遺品を理解ある親族に預けたまま」

＊岩名昌言　岩名昌言は和泉国伯太藩主・渡辺則綱の江戸藩邸の藩医。嫡男・昌山も医術を学ぶ。

津山藩医・宇田川玄随の翻訳書『西洋内科撰要』には「医師岩名昌言・昌山はオランダ医学に優れる」との記述が見られる。

とのこと。

勘当の理由は、平山道場が閉門された後に南部浪人の不穏な活動に加担し、蝦夷地への密航や遠州に道場を建設するなど、公儀に怪しまれるような行動をとったことだった。

大作は「すべて己の責任」と己を責めるばかりで、萱次郎に詫びる術がなかった。

満願寺史『細井廣澤の生涯』（佐佐木杜太郎著、一九八三年）に萱次郎の死因に関する次の記述がある。


相馬大作こと下斗米秀之進とは、兵学同門で義兄弟の約を結んでいたので、世にいう檜山騒動（相馬大作事件）の張本人相馬大作に荷担するために脱藩して、文政三年（一八二〇年）七月、二三歳下総松戸宿で切腹して果てた。

しかしこれは誤解である。萱次郎が切腹するなど事実とは異なることが伝わっていたことが分かる。

5　津軽侯の位階昇格と松前藩復領の動き

その後、大作は夏目家屋敷に向かい、夏目奉行を訪ねるも奉行は公務で不在だった。家人に夫人の一周忌の弔意を述べ、用人・木村多左衛門の案内で浅草長敬寺で墓参を済ませた。

夏目奉行は南部候の死亡届けの遅延を心配しているが、公儀は察知しながらも大藩の存亡に関わる大事のため、危篤状態と留め置き、幕閣等は処遇に苦慮していると江戸南部藩邸留守居に内々に伝えていた。

松前藩は蝦夷地への復領運動で、津軽藩は位階昇進の猟官運動で巨額の金を賄賂として使っていたが、水野老中首座がその両方を強行に進めようとしていることは幕内で公然となっていた。

6　治まらぬ南部藩の派閥争い

大作は津軽藩や松前藩の動向を探るため、南部藩邸の留守居役・黒川主馬を訪ねた。黒川家と下斗米家は遠戚であった。

黒川から「南部藩内は世継問題で家老間の派閥争いの最中で、津軽藩主が官位昇進とすれば、次の藩主が無位無冠となる屈辱に血気にはやる藩士が騒動を起こす恐れもある」と聞かされた。

松前藩の復領の方は、蝦夷地直轄廃止となれば警備免除で財政が救われると、家老たちは絶好の機運と考えていたようだ。

＊満願寺の墓所　細井家の墓所は寺院には珍しい柵で囲われた「儒者家集合墓」だった。集合墓入口に立つ石碑には「細井廣澤先生墓所當山」と刻まれている。天和三年（一六八三年）没の母から年代順に歴代四〇基の墓石が並ぶ。現在の萱次郎の墓「象水細井君之墓」は、後に没する父の墓「金城細井君之墓」の次で順不同である。萱次郎の墓碑側面には、法名「豪凝院殿智秀宗哲大居士」と碑文「先生細井氏名知機■其神金城先生之次子也為人惆■磊落豪邁英偉風眈思韜鈐慨然有経綸天下之志惜奕哉蒼天不假年文政庚辰三年七月十四日忽焉卒下総州松（戸）関驛時年二十三（歳）弟細井勝知義立」（■＝解読不能）とあり、父亡き後に埋葬が許され弟・知義が建立したものであることが分かる。

7　浜松道場の計画頓挫

師匠・平山は健在だが、道場の出入を許される門弟はわずかで兵聖閣は閑散としていた。大作は浜松道場の建設協力者を訪ね歩くが、それまでいかに萱次郎の求心力で計画が進んでいたかを痛感した。そしてもはや大作一人の力では建設実行は無理だと思い知った。大作は浜松の道場建設を諦めるしかなかった。

8　蝦夷地警備の目標失う

江戸で知り得た情報は大作を失望させるものばかりであった。最も衝撃を受けたのは蝦夷地直轄廃止の動きである。

「松前藩の復領が決まれば、箱館警備の南部藩士はすべて撤退し、兵聖閣で鍛錬中の門弟や自分の出番はなくなるのだ」

と大作は思った。さらに師走を迎えて津軽候の官位昇進の決定を知り、大作は自問自答を繰り返す。

○後継の藩主が無位無冠で、津軽の下座に屈服し若き藩士が怒りにまかせ津軽と諍いを起こせば藩は危うくなること。

○亡き藩侯と萱次郎の死に報い、世の退廃を覚醒させる武士の道とは。

大作は南部候への忠義と南部藩の安泰、萱次郎の死に報いるため何をなすべきかを考え、ある思いに達した。そして帰郷を決意する。

夏目家用人・木村を訪ねると、会津藩の相模沿海警備が近く免除され、浦賀奉行の警備に変わると聞き、やがては箱館警備も同じ運命かと思い巡らすが、もはや大作の関心事ではなかった。

年末、一二月二五日、岩名親子との別れ際、大作は決意のほどを、

一　英雄心事もし相問はば、総て紅涙萬行の中に在り、君辱《はずか》しめらるれば臣死す

と漢詩に託した。岩名親子は、晴れ晴れとした大作の表情に漢詩に込めた決意を知った。

第三節　大作の決意と南部藩の騒動

1　砲術大演習の意味するもの

『惣蔵の手記』によれば、正月一六日、福岡に帰着した大作を諸門弟が残らず迎えに出た。久し振りの対面であり、門弟たちは大作が江戸滞在中に知った津軽家昇進の話や珍しい土産話を夜更けまで聞いた。その後の数日間は訪問者が途切れることがなかった。

ある朝のこと、大作から惣蔵に「捨て置かざる用事があり、お出でになるように」との伝言があり、早速馳せ参じて奥の一間へ入った。（その後奥の間で大作から何が話されたかの記述はなし。）

それから、ほかの門弟たちには何も告げられぬまま四、五日が過ぎて、大作は門弟らを集めて告げた。

「銃砲術はこれまでの七カ年間に春夏秋冬と年に四度試し撃ちしたが、一七三七カ条の伝授の相試しは一〇〇〇にも足りず、このまま通りでは幾年かかるかもしれない。そのためこのたびは、既に試した同様の術は除き、三〇〇カ条のみを試めすことにする」

そして、「一人当たり五カ条から二〇カ条までを試させ、その者の修練の度合いにより、特に修練に精を出し出来具合が良く、先に秀でる者を見分し取り上げる（免許皆伝）」と言って門弟たちに箇条書きを手渡した。

田中舘栄八や一条八十司の弟・小平太、惣蔵の弟・軍七には、薬製方と物細工の吟味方を勤めるよう命じた。

惣蔵は総奉行に命じられ「何ともこのたびは、晴れの訓練事業の総大将を任された」と喜び勇んだ。一条小平太は細工物の名人で、手の込んだ面到な細工業物を任された。惣蔵と相談しながら十分な準備をせよとの大作からの命だった。

門弟たちは三〇日以内に全準備を仕上げるため昼夜を分かたず仕事を進め、二一日目に残らず準備ができたので、大作は大喜びし、試し撃ちの訓練を三月二二日吉日と決め皆々に伝えた。

栄八は陣場奉行を命じられ、五、六日も前から適地に決めた広野を見分した。

近隣の村の者たちは、大作たちの訓練をまるで興業を待つかのように楽しみにしていた。

訓練当日を迎え、広野には陣構えの幕を張って厳重な警戒のもと、真っ黒な装束の門弟らが陣容を整えていた。使い番（連絡役）は乗馬し四方に駆け回り、その軍備体裁の華々しさは言語にし難いほどに見えた。昼夜に行う訓練開始の合図は砲筒の打ち上げだった。見物する群集には立ちこめる硝煙が霞のように見えた。人々は広々とした野原に少しの余地もなく立ち、その賑わいは福岡の町では前代未聞のことだった。

一昼夜続いた試し撃ちは、一発の仕損じもなくすべてが首尾よく終了した。しかし、銃砲術のうち、火薬（薬製）不足のために火業術（鉄砲術）の天墜砲震天雷《ほうろくびやしんてんらい》（導火線付投擲武器）・連珠砲・玉転雷・一母数子旋転銃・一貫目から三貫目の張抜筒（和紙製張子砲筒）の砲術は、日を改めるということになった。これらはすべて秘伝中の奥儀の術である。

大作は訓練の成功に眉を広げて大いに喜び、「このたびの試し撃ち訓練の大事業も首尾万端大成功を収めたので、打上の振る舞い（馳走）の用意をせよ」と門弟らに申し渡した。

祝宴には高弟門人らや諸々の関係者、親類縁者、出入りの召使いに至るまで残らず招いて大いにご馳走を振る舞った。

大作は挨拶の後に門弟みなに「これまで厳しく禁酒させていたが、このたびの成功は格別な喜びであり、飲酒することを勝手次第にするので、存分に座席を賑わして楽しむように」と言い渡した。門弟らは、大小の盃を酌み交わし愉快に酔っぱらい、呑み明かした。

大作の実家は平野屋を営み、数代に渡る富裕な豪商で、世間からは長者と称されるほどであった。宴席には囲置（秘蔵）の名器ばかりが並ぶ豪勢なもので、酒席がたけなわとなった頃合いを見て、用意していた芸者らに管弦の鳴り物を取り出させ、唄や舞いを披露させ、思う存分楽しみ尽くさせ、誠に無上の喜びを味わう宴会であった。

表向きは、訓練成功の直会《なおらい》のようだが、大作の狙いは密事の計画を前にして門弟たちに秘伝の術技を伝授することと、支援者や縁者・門弟らとの最後の晩餐のつもりだったようだ。

2 新藩主すり替え事件

文政四年（一八二一年）三月一五日、南部藩は前藩主の死亡届けと世継ぎを南部利用《としもち》とすることを幕府に届け出たが、利用の実年齢一三歳を一七歳に詐称した。

前藩主は生前、中屋敷南部家・三戸信丞の長男・駒五郎と養嗣子の縁組を行い、あらかじめ「仮養子願書」を老中に届け出ていた。

六月三日、幕府から南部利用を新藩主と認める知らせがあり、南部藩の後継者問題は決着したかのように見えた。

八月七日、南部藩は幕府に若年の利用が藩政を担うことは困難として、前藩主の遺言に従い七戸*藩主・南部信鄰《のぶちか》を後見人とすることを届け出た。

ところが、信鄰が江戸藩邸に入って間もない八月一三日、突然として急死するのである（『参考諸家系図』によると二五日没）。四四歳の若さで、病気などもなく、毒殺が疑われても当然のような不審死であった。しかしそのことは極秘にされたまま、八月二一日には、さらに驚くべき大事件が起こった。将軍御目見得を控える新藩主・利用が江戸藩邸の庭園で事故死したのである。

木登り遊戯中に転落し、藩医は軽傷と診立てた。ところがその数日後に死亡し、江戸藩邸は騒然となった。遺体を長持ちに隠して密かに国元まで運び、緘口令を敷いた。

盛岡城では重臣たちの鳩首凝議《きゅうしゅぎょうぎ》で藩主死亡の解決策を図り、新屋敷南部家の三戸左近信浄《さこんのぶきよ》の三男・善太郎（一八歳）を亡き利用の替え玉に据えることにした。

九月二四日、将軍から新藩主・南部利用に本領安堵《ほんりょうあんど》（領有権認可）の証を賜る御目見得が許されるが、慌てた南部藩は利用が急病と偽って、八戸藩主・南部左衛門尉《さえもんのじょう》を代理人に立てて受理させた。

一一月一五日、南部藩は改めて新藩主・利用の将軍家斉への拝謁が許された。南部藩は太刀や名馬など将軍への献上品や領民から掻き集めた御用金二万両を献納して、従四位下《じゅうしいげ》と大膳大夫《だいぜんたゆう》の官名を賜ることができ、家臣一同胸をなでおろした。

一一月二二日、三カ月隠し続けていた後見人・南部信鄰の死亡届をようやく幕府に届け出るが、*南部本家と分家・諸家の確執と新藩主の年齢詐称の嫌疑を恐れ、年相応の者にすり替えるために行われた後見人の抹殺と、事故死した新藩主の結末は次のようなものである。

新藩主・南部利用と後見人である南部信鄰の死がともに「暗殺だった」と推測できる史料がある。南部藩の公式記録の『南部藩家老席日誌』（寛永二一年（一六四四年）から天保一一年（一八四〇年）の一九七年間に家老席書記役が書き続けた政務日記）である。『南部藩家老席日誌』にはなぜか文政三年（一八二〇年）から同六年（一八二三年）の記録のみが欠落しているのである。南部藩の歴史上、最も劇的時代の史実があえて除かれているのである。藩の「恥部」を意図的に隠匿したとしか考えることができない。

大作がこれら藩内の秘事を知っていたかどうかは定かではない。もし知っていたとしたならば、怒りの矛先が変わった可能性も考えられる。

＊七戸藩主・南部信鄰　七戸南部氏は領地を持たない支藩・在府大名であったが、文政二年（一八一九年）、南部藩は幕府に七戸家当主・南部信鄰を新田五〇〇〇石分知のうえ七戸藩主（六〇〇〇石）にと届け出て、立藩（新田藩）を許された。

＊南部本家と分家・諸家の確執

〔南部家分家の三屋敷〕

南部藩内のお家騒動や派閥争いは、南部家本家と分家、一族諸家の思惑が根源にある。分家は「新・中・角屋敷」の三屋敷があり、南部本家に世継ぎが途絶えたとき、南部三屋敷の中から後継者を選び出した。三屋敷南部家の始祖は、七代藩主・南部利視《としみ》の嫡子（世継ぎ）以外の男子三人に三戸氏を名乗らせ分家にした。文政元年（一八一八年）に三戸氏を南部氏に改めた。

「中屋敷」南部家の吉次郎利用が本家に養子縁組のうえ利敬の嗣子（後継）とするも急死のため「新屋敷」三男・善太郎を「中屋敷」の養子にして利用の替え玉にした。

「角屋敷」南部家は嫡子が途絶え三戸家や戸沢家となった。

〔南部諸家〕

・七戸南部家（前藩主・南部利敬派筆頭）

元禄七年（一六九四年）、三代藩主・南部重信の六男政信が、兄・行信から陸奥国和賀と二戸二郡のうち五〇〇〇石を分与され麹町《こうじまち》家を興し、文政二年（一八一九年）に南部信鄰が五〇〇〇石の分知に蔵米六〇〇〇石を加増され、新田藩の七戸藩初代藩主となった。

新田藩とは本藩から新田領の蔵米《くらまい》（俸禄米《ほうろくまい》）を分与される小藩のことで、定府《じょうふ》（江戸在勤）の外様大名である。幕府に新藩を認めてもらうには、献上金品など相当な資金を必要としたが、南部藩は八戸藩と七戸藩の二支藩を持つことで、支藩に黒石藩を持つ津軽藩よりも優位に立ち、位階《いかい》（栄典の位）などで格上になりたかった。

前藩主・南部利敬は、七戸藩主・南部信隣を信頼し、生前に嗣子・南部利用の後見人に指名していた。

・遠野南部家

代々城代家老職に就く家系ながら本家南部家から敬遠される存在で、前藩主・南部利敬は筆頭家老の遠野藩主・南部義堯《よしたか》を無視していた。

遠野南部氏（根城八戸南部）が八戸家を興したのは、初代藩主・南部光行の三男・実長だが、天正一八年（一五九〇年）、八戸家当主・政栄は小田原に参陣せず留守役として津軽家や反豊臣の九戸政実の攻撃に備えたが、参陣しなかったことを理由に家来同様の諸氏にされた。

政栄に男子がなく、没後は夫人が女殿様となって血縁の新田家から養子を迎えるが、初代藩主・利直は、八戸家を取り潰す意図で実高一万石弱の遠野へ転封させた。

八戸家は財産と家臣団を失うも盛岡城代家老の座と分家の家格を守り抜き、文政元年（一八一八年）に南部氏への復姓を許された。

南部義堯は六代信彦の五男・義応の長子で、盛岡城下の母方の楢山家で生まれ、生母の長兄は家老・楢山隆翼《ならやまたかくに》であった。

遠野藩主・義堯は、若くして家老首座に就くが、前藩主の独断政治で叔父楢山ともども飾り物にされ、藩主亡き後は叔父の差配で派閥争いの先頭に立たされた。

・楢山家

楢山政康《まさやす》の第四子・信房《のぶふさ》を始祖とする南部家血筋の家系で、二戸郡楢山村（現・二戸町）を受領した。代々家老職の座を守り、遠野南部氏と血縁を結び勢力を維持した。

前藩主の直接政治に煮え湯を飲まされたが、家老職に復権し藩政の実権を取り戻すと、前藩主に登用された役人の大更迭を断行して冷遇された門閥家老などを藩政に復帰させた。また、財政難を顧みず窮乏藩士の救済も行った。幕末に至り、檜山佐渡と東中務《なかつかさ》が筆頭家老の座を争い合い藩政は混乱する。

第七章

津軽侯要撃未遂事件の顛末

第一節　要撃計画と現地調査

1　門弟に密事を語る

大作が江戸から戻って以来、藩から更迭された元福岡代官の中野周右衛門がしきりに兵聖閣を訪れて、何やら大作と語り合うことが続いた。

大作は、自身の計画実行後の兵聖閣の存続のため、継承者に高弟で義兄の田中舘彦右衛門を指名して実用流諸術の奥義を伝授した。

文政四年（一八二一年）二月、大作は惣蔵と関良助・一条小太郎を呼び、十和田負荷峠に近い大湯温泉（南部領鹿角郡）の湯治に同行するよう告げた。

『惣蔵の手記』にこの経過が記されている。

門弟の関良助や欠端浅右衛門・一条小太郎・赤澤健之助らが寄り合い、良助が「先生の大舘への湯治行きは全くの偽りと思われるが如何であろうか」と言うと、ほかの三人も「かねてから先生のお立ち振る舞いには、不審な点があると思っていた。我らがお供をお願いしても聞き入れてくれない。今夜にも惣蔵宅へ押し掛けて、我らが心から心服する先生にお供のお願いを話そう」と言って連れ立って惣蔵宅に押しかけた。

良助は惣蔵の妻の弟で、浅右衛門は先生の伯父の子で、小太郎は惣蔵の母親の甥であり、夜更けの不意の訪問に何の遠慮もなかった。

我々の「先生が大湯へお出掛けの際にはお供したい」との願いに、惣蔵は、「今後何度かその機会はあると思うが、今回は当主の自分が案内する」と答えた。

「我々は、湯治する以外に何か別の大願があると察しており、お供ができるようお執り成しを」と熱心に頼み、惣蔵は、大願とは何のことかと落ち着き払って言ったが、四人はすでにその目的を察する様子であった。

「先生の大事に役立ち死ねればこの上ない幸せです。お供ができるよう押してお願いします」と懇願された惣蔵が、「その硬い金鉄の志を先生にお伝えしよう」と伝えると、四人の若武者たちは涙で袖を濡らし喜んだ。

大作は惣蔵と一条小太郎らにお供を許し、大湯に至る道中にて津軽侯要撃の密事を打ち明けることにした。

大作は「藩政を顧みず、他藩を押し退けてまで出世を画策する津軽侯を成敗する」と亡き藩侯の遺恨に報復する決意を明かした。三人は待っていたとばかりに義憤に燃え、行動を共にすることを願い許された。

秋田・津軽藩境の山中の道案内は、花輪の門弟・赤坂市兵衛にさせることにした。

二月二一日、大作一行は、大湯下ノ湯で一泊し、翌日、白沢宿を下検分し、大滝温泉・大館方面を踏査して、福岡に帰着したのは三月二四日だった。

2　刀鍛冶に密事を明かす

その頃、大作の実家では流れ者の鍛冶職人を抱えていた。それは福岡の慣習である*名子制度《なごせいど》によるものだった。

文政二年（一八一九年）、仙台領岩屋堂の鍛冶職人・大吉（鍛名・萬歳安國）が漂浪し、八戸領葛巻村で野鍛冶をしていたが、困窮したため、頼まれた福岡の平野屋が小屋を鍛冶場に貸し与えて自立できるまで面倒を見ることにしていた。

大吉は刃物や農具の鍛冶仕事が増えて国元から弟子の嘉七と徳兵衛を呼び、鍛冶職は繁盛するよ

＊名子制度　平野屋を営む下斗米家は篤志家と知られ、宿無し百姓や職人に家土地を自立できるまで無償で貸与し、世話になる者は年末年始や冠婚葬祭の手伝いなどの頼まれ仕事で御礼をした。
こうした庶民による困窮民の救済制度を名子制度という。

『二戸聞書』（下斗米与八郎の妻たよ談、山口弥一郎聴取、昭和一五年（一九四〇年））によれば、「下斗米家は駆け込み易き家として知られ、家内暴力や夜逃げで駆け込む人を受け入れて、農家の妻子などが問題解決まで匿われる事が多々あった」という。

うになった。大作は兵聖閣で用いる鉄器や武具を彼らに作らせた。

嘉七には素振用の無刃刀（銘安國）を鍛造させたが、粗末な野鍛冶程度の仕事で刀鍛冶師とは名ばかりであり、また、不平不満の多い無礼者で門人らに嫌われたため、大吉は三戸の鍛冶職人に嘉七を預けた。

大作は大吉と徳兵衛に鉄扇や素振用長刀、一〇文目の鉄玉の鍛造を頼むようになった。

文政四年（一八二一年）四月一日、大吉は、住民からの薄刃注文が多くあり大館の薄羽打・善四郎に教えを請いたいと大作に願い出る。大作は「ついては一つ頼み事をしたい。近く江戸参勤で下向の津軽侯の大館通行の日時を知りたい」と大吉に言った。

大吉は大筒弾丸の鍛造や門弟らの密談から、何やら怪しげな様子と思っていたところに大作から津軽侯の参勤日時を探ることを頼まれ、いよいよ大作の密計が何かを知って戦慄した。

翌二日、大吉はその恐怖心を一人で抱えきれず、三戸にいる弟子・喜七（嘉兵衛）にそのことを伝え、津軽領狩場沢関所（現・青森県野辺地町）へ四月六日に密告させることにした。

大吉は弟子・徳兵衛に三戸の嘉七に「大作の密計を津軽へ密告するように」伝えることを頼み、大館に向かった。大館では善四郎宅に数日滞在し、薄刃を打ちながら津軽侯到着日を探った。そしてその日が四月二一日と分かり、一四日に福岡に帰って大作に報告した。

3　姉・美和の急死

大作が大湯から戻ると、田中館彦右衛門に嫁ぐ姉・美和の病状が思わしくないという知らせが届き、大作は姉を見舞った。

『惣蔵の手記』ではそのときのことがこう書かれている。

家族は毎夜暁まで介抱を続けていたが、顔色は常日頃と異なり誠に疲労の色が濃く、もしやの大病となり命に関わっては大変と道場の若い門弟らも心を痛めていた。

先生は姉上の枕元に臨んで看護し、湯薬を服薬させ回復を神仏に祈ったが、無情にもその甲斐なく、ついに四月一五日の朝に儚く夕の露と消え去った。

先生の愁傷（嘆き悲しみ）は計り知れないほど深く、門弟らは先生の心痛を推察してお悔やみを述べた。

先生のお供が叶い喜んだ四人の者らは、姉上の不幸のため一七日間喪に服すため旅立ちを待っていたが、「津軽侯がこの二〇日にも通行することを思うと、志した願いも空しく計画を取り止めるのは誠に残念なこと、我々だけでも先生の智謀（計略）を実行に移し成就することを先生に願い出て、明日にも出立してはどうか」との相談に同意した。

今か今かと先生の帰りを待っていたところ、一五日の夜半頃になって先生は帰宅した。

4　津軽侯要撃の決行

凶事にめげず決意

先生は、「会者定離《えしゃじょうり》（会う者必ず離れる運命）の習いとは言うが、昨年は兄弟の契りを結んだ萱次郎と死に別れ、当年は唯一人の姉上との別れとは、なんたる無情の因縁か」と首を項垂れ愁嘆した。

「この期に二度も続く悲運、姉との死別で一七日間追善（冥福を祈る）に日を要すが、こうするばかりでは、津軽侯の通行に間に合わずどうにかせねば」と考え抜き、「肉親の不幸は私事なり、忠義を果たして死ぬためには、残すところ一日の猶予もない」と姉上の死の迷いから眼を開いた。「宿願の日を先延ばししたとて、死者が生き返ることはない。死別の悲しみに嘆くばかりは、武士として恥ずかしきことである」と決断して同志の四人を呼び集めた。

同志の惣蔵と関良助・一条小太郎・下斗米龍之進らはすぐに駆け付けると、先生から「明未明に出立する。すぐに旅立ちの用意をせよ」と言われ、「すでに旅装の準備は整っておりますが、密事を知った大吉の始末は何卒私共にお任せください。旅立ち前に切り捨てずに、放置すればきっと災いを生み臍《ほぞ》を噛む（後悔する）ことになりかねません」と進言した。

すると先生は、「大吉のような者に志す願いが破られてしまうのであれば、それは天命と知ることだ。我君公（藩主）のご臨終の際の遺言を聞き、この世に何を楽しみに日を送るのか、津軽侯が二〇日までにもしも変更があればと昼夜忘れず、このたびの志願を抱いてから一日の長さをまだかと思い、志を尽くす日に君子に一身を捧げんとする。実行の地に臨み、華々しく勇戦奮闘して我々の手で国賊なる津軽侯の首を抜き取って君公の墓前に備えようではないか」と力強く応えた。

さらに先生は「人間は百年の栄耀（栄華）にも飽きたらず、死の時節をも知らずに生き恥を晒す者は古今の書籍に見ての通り。我らこの少人数での謀略により、千人二千人の厳しい警備に何も恐れることはない。大吉が裏切って津軽家へ注進することがあれば、我が運は拙いことになるが、密告した大吉らは津軽家臣に取り立てられ立身出世することになるやも知れず」と笑みを含み語り、これを聞いた同志たちは、凡夫に及ばぬ志に感服して異存や遺念もなく四月一八日に勇々と福岡を出立した。

とある。

その翌日、お供を志願する門弟の欠端浅右衛門と赤澤健之助が、出立を聞き付け、大作らの後を追ったが、途中の花輪嶽で脇道に迷ってようやく本街道へ出ることができたものの合流できず、泣く泣く引き返したということが追記されている。

秋田領白沢宿で待ち伏せ

一行は福岡を北上し、鹿角《かづの》花輪から秋田領大館白沢《しらさわ》宿と、津軽侯の参勤経路と通過する旅程を調べ、矢立《やたて》峠の碇《いかり》ヶ関《せき》辺りまでをくまなく調査して要撃（待ち伏せして襲撃すること）できる適地を探った。

津軽藩が江戸へ参勤する場合は、弘前城下から羽州街道筋の碇ヶ関（矢立峠）から秋田領白沢に入り、出羽国（現・山形県・秋田県）を縦断、奥州街道（仙台道）の分岐点である桑折《こおり》宿から白河宿を通過して江戸千住に至る。

津軽藩の上屋敷到着まで一八泊一九日の旅程である。

最短距離の奥州街道を避けるのは、確執のある南部藩から「領内通行には武具不携帯」という条件を付けられていたためと言われている。

大作が待ち伏せ場所に選んだのは、昼食所の白沢宿を外れた橋桁山《はしけたやま》（現・秋田県大館市岩抜山《いわぬきやま》）の中腹であった。そこを過ぎると津軽・秋田の藩境の険しい矢立峠と警備厳重な碇ヶ関となる。武器携帯で潜入するのにも、ことを終えて逃走するのにも不都合であった。

四月二一日、大作は待ち伏せる要害地を白沢宿の橋掛山中腹と決め、陣地の準備に取りかかった。その山中で大作らが大砲の試し撃ちをしたとする説がある。

一方、津軽侯一行は秋田領舟越那場掛《ふなこしなばけ》（現・秋田県男鹿市）が洪水のため川越えに支障が出て、二日遅れで二二日に大舘へ到着したところに、大吉が使わした嘉七が来た。嘉七による密告が間に合い、津軽藩は沿道を厳重に警戒し、行程の変更を秋田藩に届け出た。

津軽侯の大館到着のお触れは白沢宿にもあり、大作は通行予定の日を今日明日と見定め、次のような「津軽侯宛の勧告状」（果たし状）を津軽侯一行に届けた。

〔津軽侯への隠居勧告状〕〔現代語訳〕
「このたび貴殿は、侍従《じじゅう》に任じられたが、昔を忘れた驕《おご》った様子は、近頃傍若無人でさえある。このたび我々一同は、無法な行動のようではあるが、この場所まで出向き、陣地を粉砕するほどの威力ある大砲で驚かせたのである。
今後、ご自分の老成したお考えにより、速やかに官を辞し隠居なされば、我々は武士の意気地を成し遂げ、決して貴殿に対し恨みを遺すようなことはない。
もし、疑い深く躊躇《ちゅうちょ》し、悪知恵を働かせ、今後も隠居せず江戸に出るようなことがあれば、登城前・領内巡視・両国内を問わず、侮辱の恨みに報いるであろう。たとえ兵を興し合戦になろうとも止むを得ないことである。もっとも、貴殿ら主従一行を残らずこの撃ち殺すことは意のままであるが、一先ずは寛大な心で罪を許そう。

四月　日　　　　某等

〔両国内とは津軽藩の上屋敷と下屋敷のある両国（本所）を意味する。〕

5　津軽侯要撃決行

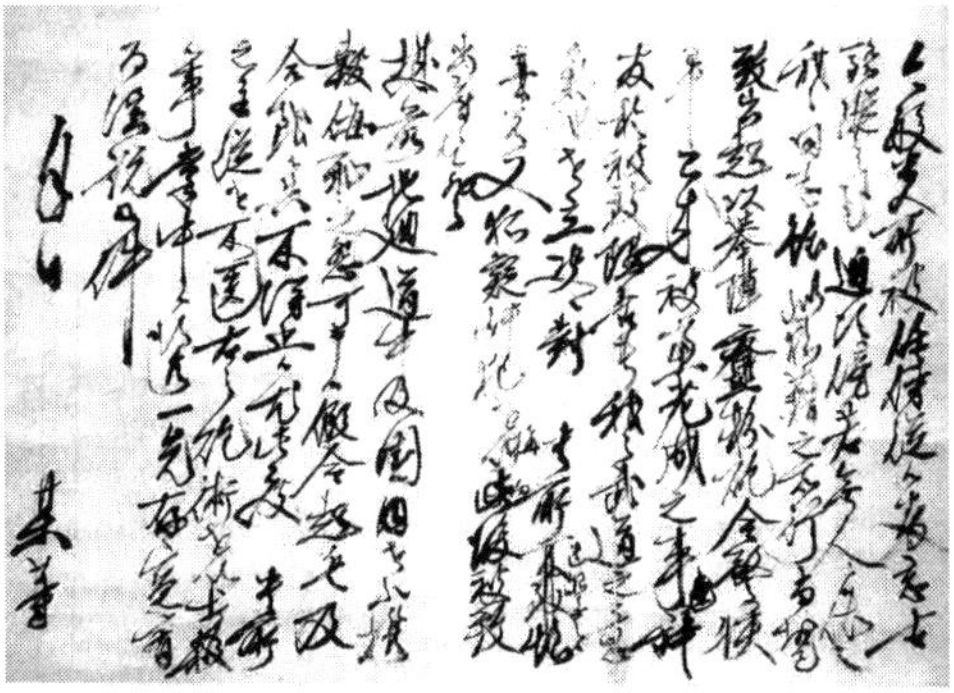

相馬大作が書いた津軽寧親宛「隠居勧告文」（二戸市歴史民俗資料館蔵）

参勤道迂回の失態

『惣蔵の手記』には肝心の津軽侯要撃に関する詳細な記載がないため、下斗米与八郎の『下斗米大作實伝』の記述を参考にする。

四月二三日、大作の襲撃計画を刀鍛冶・嘉七の内通で知った津軽侯の一行は、公儀届出の参勤交代*で用いる街道を勝手に旧参勤路（西浜街道）に変更し、秋田領森岳《もりたけ》を経て能代《のしろ》・大間越《おおまごし》経由で弘前に帰ることにした。石高七万石の津軽藩の参勤行列は、軍役の馬上一一〇人、家臣三六五人（銃二〇〇・弓五〇・鑓一〇〇・旗一五）が定めであった。

秋田藩には沿岸警備巡見と届け出る一方、後々の公儀への言い逃れのために藩士少数と空駕籠の行列を白沢宿へ向けた。大作は橋桁山の中腹から眼下に見える駕籠に向けて十匁《もんめ》銃一発を放った。従者らが散り散りに逃げ去った。その後、関良助がとり残された駕籠を検めることを告げるが、大作は「無用、津軽侯は間道を帰城した。この事洩れて不利なるも我らの宿志が津軽侯の反省させるに効き目あれば遺憾なし」と言い、南部領内へと急いだ。南部領内に無事逃れた後は、途中縁者宅に潜伏し、追っ手がないことを知って福岡へ戻った。

大作の胸のうちには「恐れをなし参勤路を違える恥ずべき行為は、後々公儀に咎められるのは必定」という秘めた考えもあった。

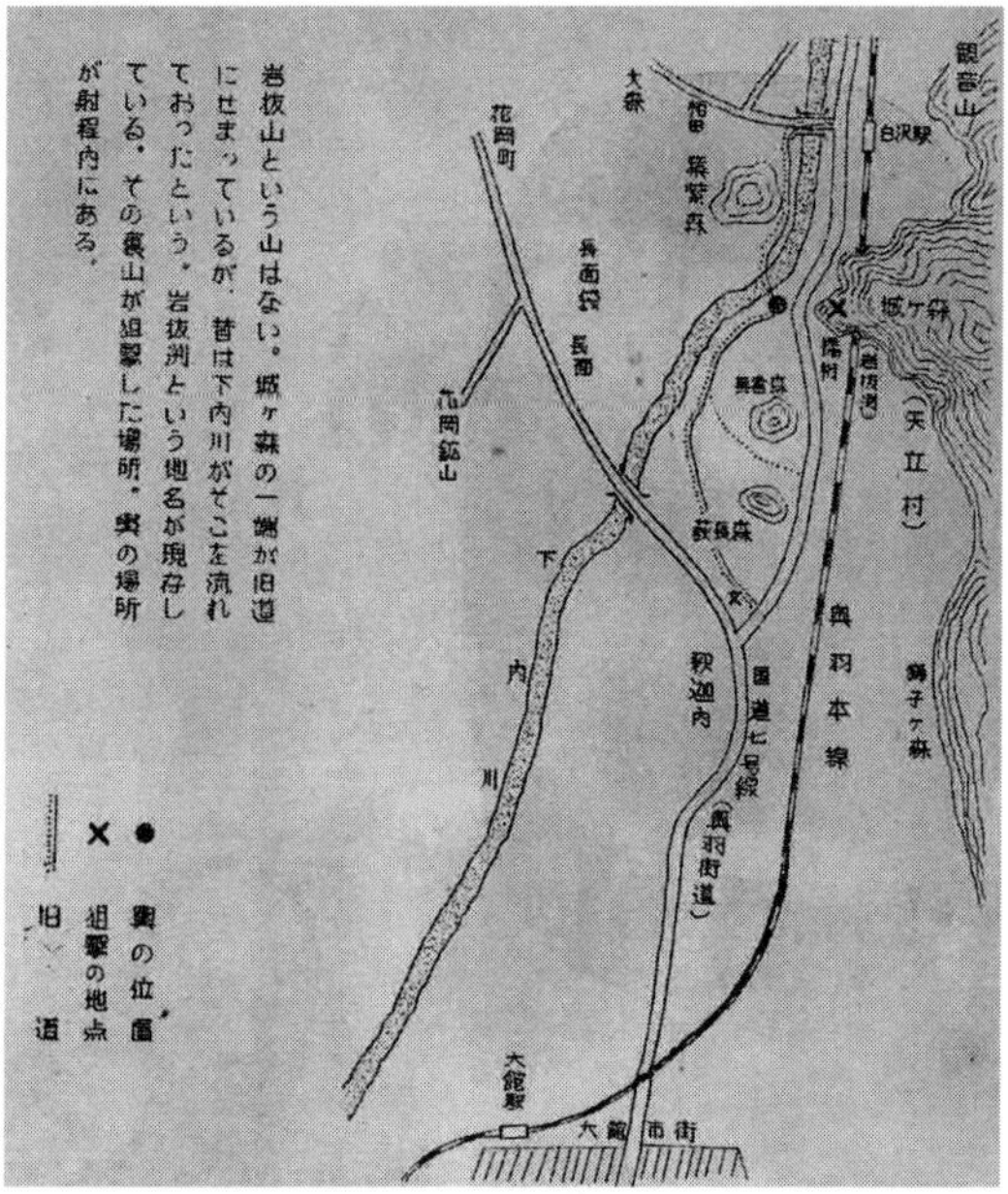

相馬大作事件の現場（簗部善次郎著『相馬大作年譜考』より）

事件現場検証

待ち伏せ現場は、秋田藩境白沢宿の橋桁山中腹で、参勤行列を一望でき、犯行後の逃走路確保にも絶好条件の立地である。この先は杉林。鬱蒼とした矢立峠で襲おうとしたという説は間違い。芝居や講談による脚色である。

大作が要害を秋田領内に選んだ理由の一つには津軽藩領内で要撃しては事件そのものが隠匿される恐れがあったため。公然と裁かれることを大作は目論んだと考えられる。

夏目松前奉行、大作とすれ違う　文政四年（一八二一年）四月上旬、夏目は松前勤番のため江戸を出立し、道中の福岡宿に立ち寄って用人・木村太左衛門に大作を呼ぶよう使いを出すが、留守を預る塾頭・田中舘彦右衛門から「藩内視察のためしばらく不在にしております。先生から夏目様によろしくお伝えするよう申し使っております」との伝言を告げられた。事件の起こる数日前のことである。

四月下旬、三厩《みんまや》に着き、風待ちの最中、夏目は南部浪人が津軽侯を襲ったという風聞を耳にした。随従する用人・木村太左衛門や後藤又左衛門・渡辺東太夫らも寝耳に水で驚くばかりだった。夏目は木村にすぐに福岡へ引き返し事の次第を調べ、江戸に帰って事態を把握するよう命じた。

＊参勤交代　「参勤」は江戸に向かう旅のことで、「交代（就封）」は国元へ帰還する旅のこと。

全国諸大名（二五〇家余）は将軍に拝謁のため一年おきに江戸と国元を往来し、正室と世継ぎを人質として江戸屋敷に常住させた。

〔将軍家光が定めた「武家諸法度（寛永令）」の条文〕

一、大名・小名在江戸交替相定ムル所ナリ。毎歳夏四月中、参覲致スベシ。従者ノ員数近来甚ダ多シ、且ハ国郡ノ費、且ハ人民ノ労ナリ。向後ソノ相応ヲ以テコレヲ減少スベシ。但シ上洛ノ節ハ、教令ニ任セ、公役ハ分限ニ随フベキ事。

軍役奉仕の目的から石高により行列規模や往来する街道を定め、旅費や江戸滞在費を負担させることで財政・軍事力を低下させる目論みもあった。一方では全国各地との文化・経済の交流に大きな役割を果たした。

参勤交代は毎年四月に行うため半年以上前から予算調達や他大名との宿場の調整、各宿場の宿代交渉などの準備をした。幕府届出の期日までに江戸到着が絶対条件で、悪天候などで遅延すると一日分の損失は現代の数千万円以上になったという。

ときおり定めには改正があり、文政五年（一八二二年）、参勤交代の街道混雑を避けるため道中奉行が街道を指定し、天災で時期や経路変更の場合には、幕府の許可を得るよう改正された（相馬大作事件直後の改正）。この定めは慶応三年（一八六七年）の大政奉還で廃止された。

五月二日、夏目は松前に到着してすぐに事情通の間宮林蔵に事件の概要を聞くが、詳細は分からず、夏目は間宮に「一一日に江戸勤番で戻る高橋奉行に随行する途中の津軽で内密に探査するよう」密命を与えた。

大作江戸へ逃れる

五月一二日、大作は南部藩や兵聖閣に迷惑がかかることを考え、妻子と弟、関良助らを連れて江戸へ逃れることを決意し、末の松山で見送る門弟らに向けて決別の詩を詠じた。

功業素より龍を超えんと欲す　学術正に原翁に敵せ不
末の松山を濤こしを鵶白に変ずるとも　父母の国中に入らずを誓いて
〔鵶白＝白羽のカラス＝有り得ないこと〕

六月一六日、大作は江戸に着き、友人の世話で麹町表三番町に道場を開いて「実用流剣術指南」の看板を掲げた。このとき、「下斗米大作」から「相馬大作」に名を改めた。

この頃、江戸中に事件のことは知れ渡っていた。大作らによる「津軽候要撃事件」は、忠勇相馬大作の名声を高め、麹町の道場には入門者が押し寄せた。

津軽藩の暗躍

津軽藩主・津軽寧親《やすちか》の怒りは収まらなかった。寧親は側用人・笠原八郎兵衛に大作捕縛の画策を命じた。笠原は多額の賄賂を携え、御三卿（田安家・一橋家・清水家）や老中、町奉行所の下役、さらには江戸勤番の高橋松前奉行にまで訴状を届け、大作と関良助を捕縛させようとした（*笠原八郎兵衛の「御内密調」）。

さらに笠原は、間宮林蔵による大作の助命嘆願の動向を探るため、菓子折持参で間宮宅を訪ねた。そのとき間宮は不在であったが、後でそのことを知った間宮は笠原の訪問に疑念を持ち、逆に笠原の動きを探った。*間宮林蔵は事件の調査を続けた。

間宮は松前から江戸へ帰参する途中で夏目から頼まれた秋田・津軽領内の探査を行い、事件のあら方を承知していた。訪問の目論見は承知の上であった。

その頃間宮は故伊能忠敬の門弟らと『大日本沿海輿地全図・実測録』の編集を完成させ、七月一〇日には幕府に献上したが、蝦夷地の測量図の大半は間宮が手掛けたものだった。

一〇月五日、笠原の賄賂攻勢が功を奏し、町奉行役人たちが大作捕縛に動いた。

***笠原八郎兵衛の「御内密調」**（告発文書・弘前市立図書館蔵）　笠原八郎兵衛から徳川御三卿宛の訴状や高橋松前奉行宛の内密差出書付などは、早道之者（津軽藩隠密）による報告書である。笠原八郎兵衛は津軽家の家格昇進や御三卿田安家の九女と藩主嫡男・信順《のぶゆき》の婚約にも奔走した。相馬大作事件では大作の捕縛・斬首に成功し、褒美に藩主側室の一人を譲られ、家老に昇任した。後に藩財政破綻の引責で蟄居処分となった。

***間宮林蔵の事件調査**　間宮林蔵は夏目松前奉行の配下で、平山行蔵・大作とは蝦夷地警備策を論じ合う同志の関係だった。文政四年（一八二一年）五月、間宮は江戸勤番のため高橋松前奉行と三厩まで連れ立ち、上陸してから津軽領内を探索したことが、『南部藩家老席日誌』「雑書」の附録「津軽風説書」に「津軽藩境辺を探り周り、早籠で江戸へ向かう」とある。南部藩と津軽藩は、互いに忍者集団（南部藩では「間盗役《かんとうやく》」、津軽藩では「早道《はやみち》之《の》者《もの》」と言った）に近隣領内を探らせていた。藩主や家老への報告文書が「風説書」である。津軽用人・笠原が菓子折を持参し間宮宅を訪ねてきたことに不審を抱き、笠原の動きを探り、大作捕縛の魂胆を知る。間宮は大作捕縛を知ると要路などに「北方警備の志の高い大作を死罪にせず、江戸所払いの流罪に留め、弟子らともどもロシアの脅威に備えるためカラフト警備に就かせるのが国益に叶う」と建言するなど助命嘆願に動いた。

大作を美濃屋主人からの偽状で店先に誘き寄せ、捕卒三〇人程が取り囲んだが、大作は帯刀を置き堂々とお縄に付いた。後を追い駆け付けた関良助も師に従って捕縛に応じた。

一〇月一三日、北町奉行・榊原忠之は、南部藩邸から徒目付・洞内長右衛門と久慈庄左衛を呼び、大作と関良助の人検めを行い、南部藩浪人と判明して、待遇は牢屋敷のままとされた。その後、榊原奉行の屋敷で大目付が取り調べた。大作が堂々と武士の作法で津軽との確執や事件の顛末を率直に述べた。それを聞き、取り調べの一同は感心したという。

一一月、南部江戸屋敷留守居は、盛岡城下に大作入牢の知らせを届け、惣蔵と一条小太郎を盛岡城下の籠舎に匿い、幕府へは出奔した旨を届け出た。

松前藩の復領決定

文政四年（一八二一年）一二月七日、老中筆頭・水野忠成から前触れもなく「蝦夷地の直轄廃止決定」が発せられた。この重大な決定は忠成の専断によるもので、幕閣内の反対派は横暴な独断専行の進め方に不満を漏らしたが、将軍の裁可をすでに得ていたためどうすることもできなかった。

幕府は陸奥梁川の松前藩主・松前章広に蝦夷地一円の復領を下知し、松前守衛の津軽藩と箱館守衛の南部藩に派兵撤退を命じた。そして同月一五日、松前藩主は喜色満面で登城し将軍家斉と後継の家慶に拝謁した。章広は蝦夷地復領への感謝を述べ、一日も早く松前に帰還できるようにと懇願した。

幕府が松前藩へ通達した文書は次のようなものである。

一、其の方儀　最前は蝦夷地の定め手宛て行き届きかね捨て置きがたき様子に付き、東蝦夷地を追い追い上知に抑せ出され、年々公儀に従い御処置仰せ出されるに付き候処、奥地島々迄連連御収め締まり相整い夷人を撫育し産物取り捌き等万端居合わせ御安堵の事に候。其の方儀かの地草創の家柄数百年の領の候得ば旧家格は別の儀と御思召されこの度松前蝦夷地一円を前々の如くお返し下さるべくこの旨仰せ出され候。かの地の是迄の手法に遺失無し異国境を相護り要害の儀厳重に取り計らうべく御沙汰の旨候。

一、この度前蝦夷地御返し下され候に付いては取り来る九千石は上がり候蝦夷地の儀、異国境御大切に候得ば津軽越中守、南部警護の儀是まで通りと相心得以来人数は松前、箱館へ差し渡しに及ばず、銘銘の分は渡海に備え置き万一非常の儀これ有る節は其の方より案内次第早々に渡海手合わせ候様致すべき旨仰せ出され候間兼ねがね示し合わし御備え向きの儀隔意無く申さるべく談じ候。もっとも両家の警備の心得自国の御備え等も同様に心掛けなさるべく候。且つまた是までかの地の御手法取り計らいの儀松前奉行へ承合し念を入れるべく申し付けられ候。

＊**武家諸法度**　諸大名と武士を取り締まる法であり、条文は将軍の交代時などに修正・増補があった（新将軍就任時、幕閣や諸大名を前に林大学頭から御法度が読み上げられるのが恒例だった）。寛永九年（一六三二年）、武家諸法度に細則を加えた旗本向けの「諸士法度《しょしはっと》」が制定され、一般民衆には高札（制札）を人馬継立所の日本橋や品川・板橋・千住など六カ所に掲げ布告した。田沼意次失脚後、老中首座・松平定信が士風復興のため、従来の武家諸法度一三カ条を一五カ条に改正した（天明七年〔一七八七年〕九月発布）。平山行蔵は自流の武芸を「忠孝真貫流」と命名し、「兵聖閣」の上座に神棚とともに武家諸法度を掲げたが、福岡兵聖閣でもそれに倣い掲げた諸法度と思われる軸装が与八郎が所有した大作の遺品にある（二戸民俗資料館所蔵）。

大作贔屓の風潮　年末年始にかけ松前藩の蝦夷地復領と相馬大作の話題で江戸市中は騒然となっていた。江戸庶民は幕府が高札に掲げる武家諸法度*の忠孝精神を尊重すべき判決を期待し、忠勇・大作を「赤穂浪士の再来」と贔屓する風潮が高まっていた。

幕府は事件の背景に蝦夷地警備の問題と蝦夷地直轄廃止も絡むことから、幕閣たちは慎重に吟味し、忠義事件に特化した判例とする方針を固めた。

一月七日、大作と良助の処遇に変化があった。牢屋は身分で分けられるが、大作と良助は当初浪人扱いの大牢に入れられたが、北町奉行・榊原忠之直々の吟味が始まると、御家人や藩士・医者・僧呂らが入牢する揚屋《あげや》に移された。七畳敷の揚座敷には雑用係や水道所・雪隠《せっちん》(便所)が設置され大牢の待遇とは格段の違いがあった。

第二節　相馬大作事件の吟味と裁定

1　大作人気に焦る津軽藩

文政四年(一八二一年)一二月一四日、津軽藩用人・笠原八郎兵衛は次の参勤交代の準備や津軽の評判が日増しに悪化するのに焦り、大作死刑の裁決を急ぐよう田安家や要路に働きかける。

その翌日、幕府は、津軽藩に密告した鍛冶屋・嘉七と徳兵衛、仙台藩預かりの大吉に江戸出頭を命じた。嘉七は津軽藩に匿まわれていた。さらに幕府は、南部家と津軽家との諍いを避けるため、無位無冠の新藩主の家格を津軽藩と同格の四位《しい》とし、大膳大夫《だいぜんのだいぶ》を名乗ることを許したので南部側は一応納得するが、津軽藩主は不満を募らせることになった。

翌年の正月二日、大吉は江戸仙台屋敷に無事到着し、嘉七と徳兵衛も南部藩が刺客を放つとの噂を恐れて三〇人ほどの護衛に守られて二二日に江戸津軽中屋敷に到着した。

しかし三月を過ぎても幕府のお沙汰はなく、笠原は参勤道中が不安なため幕府に火種付き鉄砲の持参を願い出るが、そのような動きが逆に老中らの心証を悪くさせた。

五月一九日、目明御小人・飯田弥助方に預けられていた大作の妻・綾が、町奉行所へ子・勝之助と義弟・龍之進の出奔届けを出した。

笠原が大作の妻子らに刺客を放ったとの風聞が流れ、大作の知友・清水恒光が、本所日蓮宗妙縁寺の日脱上人に預けていた勝之助と龍之進の二人を駿府大石寺へ逃し出家させた。

その後、妻・綾も行方知れずとなり、津軽藩主を苛だたせた。

2　町奉行と幕府評定所の審議

当時の訴訟は、三奉行が定めた法典「公事方御定書」や前例に照らし合わせて刑を確定するのだが、相馬大作事件の場合は蝦夷地問題や武家諸法度にも関わるため、評定所にて評議すべきものとなった。

最も重い判決である「死罪」「遠島」には老中の裁可が必要であった。老中は重罪判決が妥当かを評定所で三奉行に審議させ、その意見を元に裁可し将軍の容認を得ることになっていた。

今で言う裁判長は老中・青山忠裕、判事は北町奉行・榊原忠之、立合判事は目付・御手洗五郎兵衛であった。本来ならば公事方与力の吟味となるが、この一件には蝦夷地警備や津軽・南部両藩の確執が関わる難題のため榊原北町奉行が直々に吟味することになった。

青山老中は武士道を重んじる人物で、「赤穂浪士の再来だ」と大作を忠勇と持て囃し、忠孝精神を重んじるお裁きを期待する民衆の風潮も無視できず、前例の赤穂事件同様に武家諸法度に照らしての評議となった。

――賓客の礼をもって自邸に呼び寄せ、懇にその由来を糺聞して、武士道の上からこれに十分の同情を寄せ、断ずるに国家の大法をもってせられた

と家伝『青山家略史』に記されている。

青山は三十数年老中職にあり一貫して死刑廃止論を唱えていて、死刑の判断は慎重を極め、検討を重ね熟考のうえで判決を下していた。

大作は事件の陳述では、余分を控えて忠孝忠節を貫く考えのみを主張した。老中や奉行は大作を調べ上げ、思想心情や経歴の全てを承知していたが、相馬大作事件に限り吟味して陳述の全面を認めた。

武士道軽視の裁定を下せば、幕府が高札に掲げる「忠孝忠節」の精神に反することになり、民意

幕府と事件関係者の人物相関図（文化末期～文政初期）

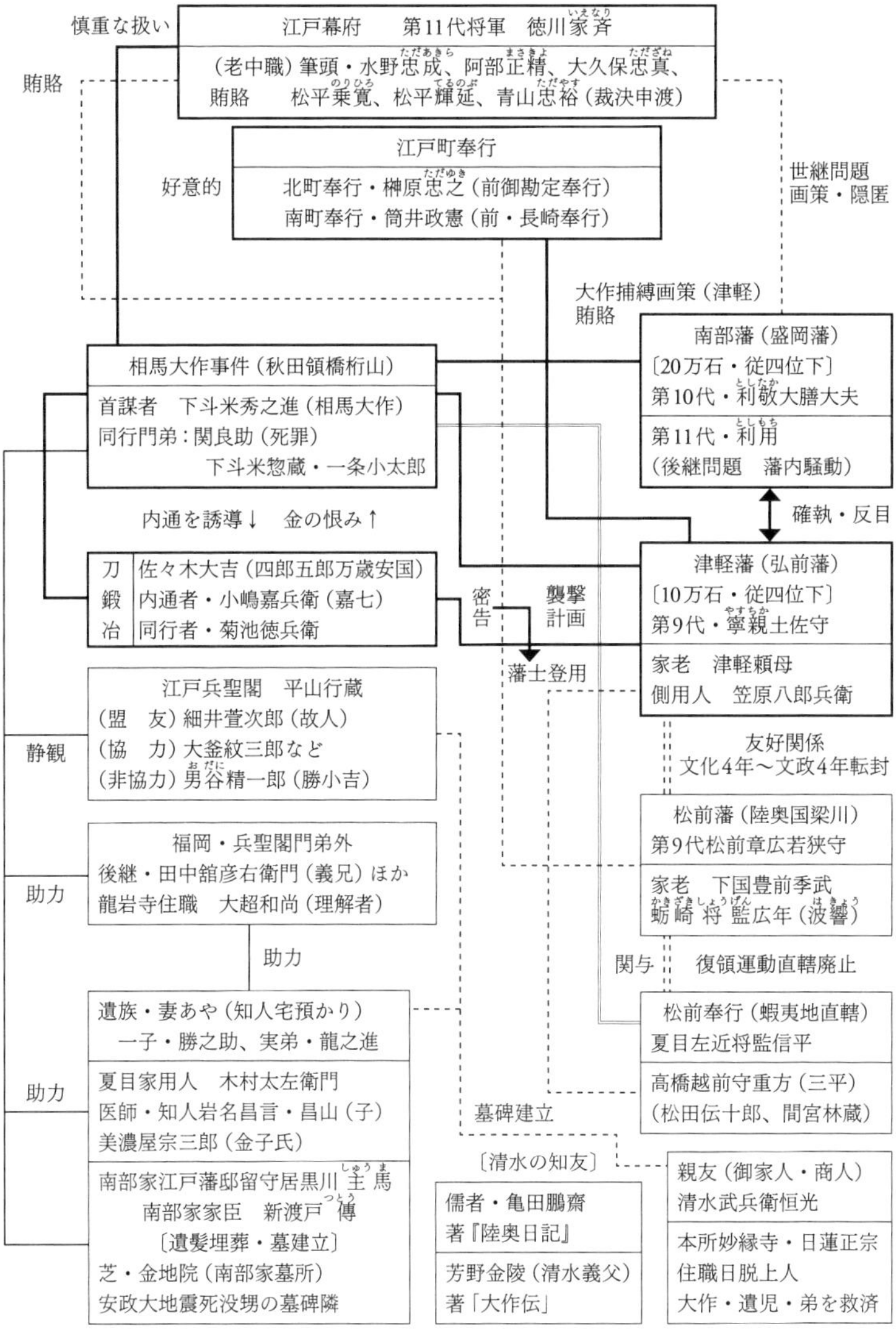
慎重な扱い
江戸幕府　第11代将軍　徳川家斉《いえなり》
（老中職）筆頭・水野忠成《ただあきら》、阿部正精《まさきよ》、大久保忠真《ただざね》、
賄賂　松平乗寛《のりひろ》、松平輝延《てるのぶ》、青山忠裕《ただやす》（裁決申渡）
賄賂
江戸町奉行
好意的
北町奉行・榊原忠之《ただゆき》（前御勘定奉行）
南町奉行・筒井政憲（前・長崎奉行）
世継問題
画策・隠匿
大作捕縛画策（津軽）
賄賂
南部藩（盛岡藩）
〔20万石・従四位下〕
第10代・利敬《としたか》大膳大夫
第11代・利用《としもち》
（後継問題　藩内騒動）
相馬大作事件（秋田領橋桁山）
首謀者　下斗米秀之進（相馬大作）
同行門弟：関良助（死罪）
下斗米惣蔵・一条小太郎
確執・反目
内通を誘導↓　金の恨み↑
刀鍛冶
佐々木大吉（四郎五郎万蔵安国）
内通者・小嶋嘉兵衛（嘉七）
同行者・菊池徳兵衛
密告
襲撃計画
藩士登用
津軽藩（弘前藩）
〔10万石・従四位下〕
第9代・寧親《やすちか》土佐守
家老　津軽頼母
側用人　笠原八郎兵衛
江戸兵聖閣　平山行蔵
（盟　友）細井萱次郎（故人）
（協　力）大釜紋三郎など
（非協力）勇谷《おだに》精一郎（勝小吉）
静観
友好関係
文化4年～文政4年転封
松前藩（陸奥国梁川）
第9代松前章広若狭守
家老　下国豊前季武
蛎崎《かきざき》将監《しょうげん》広年（波響《はきょう》）
福岡・兵聖閣門弟外
後継・田中舘彦右衛門（義兄）ほか
龍岩寺住職　大超和尚（理解者）
助力
助力
関与
復領運動直轄廃止
遺族・妻あや（知人宅預かり）
一子・勝之助、実弟・龍之進
夏目家用人　木村太左衛門
医師・知人岩名昌言・昌山（子）
美濃屋宗三郎（金子氏）
助力
松前奉行（蝦夷地直轄）
夏目左近将監信平
高橋越前守重方（三平）
（松田伝十郎、間宮林蔵）
墓碑建立
〔清水の知友〕
親友（御家人・商人）
清水武兵衛恒光
南部家江戸藩邸留守居黒川主馬《しゅうま》
南部家家臣　新渡戸傳《つとう》
〔遺髪埋葬・墓建立〕
芝・金地院（南部家墓所）
安政大地震死没甥の墓碑隣
儒者・亀田鵬齋
著『陸奥日記』
芳野金陵（清水義父）
著「大作伝」
本所妙縁寺・日蓮正宗
住職日脱上人
大作・遺児・弟を救済

を刺激し幕府の評判を落とし、士風を乱す結果になるのを恐れ慎重に議論を重ねた。

松前藩への蝦夷地返還決定が間近なときに、相馬大作事件の本格的取調べが始まったのである。大作は僅か三四年の人生で多くを学び、修練に明け暮れる中で多くの人々と交流しているが、どのような人物と関わりがあったのか、相馬大作事件に見る「人物相関図」を前頁に掲げたので裁決に至る顛末を見ていただきたい。

3　評定所審議の論点と判決

榊原北町奉行が吟味した内容を踏まえ、評議では次のような論点があったと推測する。

当時、幕閣内では蝦夷地直轄の賛否の激論の最中で、相馬大作事件は蝦夷地警備や夏目松前奉行に絡む問題を孕み、成り行き次第では幕政を揺るがす問題だった。

蝦夷地直轄廃止論の背景には、ロシア情勢や警備兵派遣での幕府と南部・津軽藩の財政困窮問題、松前奉行所の緩慢経営と商人との癒着、箱館商人と松前商人の利権に絡む勢力争いがあった。

蝦夷地復領を熱望する松前藩は、直轄廃止派の老中等へ賄賂攻勢を続け、幕閣内は直轄廃止の決定直前に、大作が蝦夷地警備強化を訴えれば、夏目松前奉行や平山行蔵との関係も明白となり、幕府の政策決定にも水を差すことになる。

榊原北町奉行は、事件と蝦夷地関連を切り離すために大作の身分を浪人から士分扱いとし、武士の名誉と津軽家が南部家の家来筋であったことを認める判決文とした。

「白沢の一件〔相馬大作事件〕」の北町奉行・榊原忠之が下した判決文〔現代文訳〕

其の方儀、津軽越中守家筋の儀は、古来南部家臣下の節目の有之候ところ。当越中の守代に至り、家路は勿論官位共に結構に相成り、猶この上昇進のこれあるべき趣き故、南部大膳太夫〔利敬《としたか》〕承るに及び、越中守儀南部家同様に相成るべしと、右の儀を残念に存じ候ところ。気鬱の上発病死去致候由承るに及び、殊に、当大膳太夫〔利用《としもち》〕其頃は無官に有之候に付、越中守より遙か末座に相成り候間、旁々以て心外に存じ、其方仕官の身分には無之候へども。父祖の為には累代の主人に付、右鬱憤を晴らすべしと、関良助外二名へも申し勧め、越中守帰城の道筋に待ち受け、右遺恨を申し述べ、同人屈服の上隠居致し候はば格別、さも無之に於ては、鉄砲を伏せ置き打留め候積り。

其方一己の存念より右企て致し、羽州秋田白沢宿まで罷り候ところ、越中守には通行の道を替え帰城致し候故、本意を遂げず候へども右企ての趣、露顕致すべしと、妻子その外召し連れ出奔致し候始末。

公儀を恐れざるの仕方不届至極に付、青山下野守忠裕殿の御指図により獄門〔斬首〕申しつく。

八月二九日

＊士分扱いの刑罰　重い順に「切腹」「斬首〔獄門・斬首〕」「改易」「役儀取上」「蟄居」「閉門」「逼塞・遠慮〔夜間外出可〕」「隠居」「差控〔自宅謹慎〕」「押込」「預かり」の刑罰がある。

獄門は牢内で斬首され、梟首《きょうしゅ》〔吊し首〕を獄屋門前の台上に三日二夜晒され、罪名を記した捨札〔木札〕を三〇日間掲げた。

この裁定は、大作と良助を士分*扱いとする刑罰で、亡き藩侯の遺恨も擁護されるもので、江戸民衆からも揶揄されることなく一件落着を見たのである。

また、連座の福岡の門弟や親族らに対するお咎めは軽く、夏目家や平山門下には累が及ばぬものになった。一方、被害者であるはずの津軽藩は、「古来は南部家臣であった」や「参勤路を替えて帰城」との不名誉極まる文面を見て怒りと悔しさを募らせた。

津軽へ内通した鍛冶職人・徳兵衛には手鎖（手錠・謹慎五〇日）の裁定が下された。主人への忠孝を裏切る行為とされたものである。

相馬大作事件関係者の御仕置（罪状）一覧

	御仕置対象者	御仕置の結果
	下斗米秀之進　事　相馬大作（34歳） 私塾「兵聖閣」道場主、事件首謀者	獄門（小塚原刑場で斬首） （獄屋門前に晒し首、捨て札三〇日）
	関良助（22歳） 主犯の門弟、事件時同行加担	死罪（小塚原刑場で斬首）
事件関与の者 / 南部藩が処罰	下斗米惣蔵（44歳） 主犯の門弟、事件時同行加担	南部藩投獄（一六年間） 出獄後、藩士復籍（御給人、兵聖閣師範）
	一條小太郎（34歳） 主犯の門弟、事件時同行加担	南部藩投獄（一六年間） 出獄後、兵聖閣の子弟指導
	赤坂市兵衛（小笠原半左衛門義兄） 主犯の門弟、山道案内役	南部藩投獄後、密かに釈放 郷里花輪で生涯隠遁生活

区分	人物	処遇
内通者	徳兵衛（29歳） 生国・仙台江刺郡岩谷堂 刀鍛冶大吉の弟子（事件時同行）	手鎖（手錠・謹慎五〇日） 津軽に内通 （事件後に津軽家臣百石・菊池徳兵衛）
内通者	大吉（刀鍛冶・万歳安国） 生国・仙台領 福岡平野屋（下斗米家）鍛冶職人	お咎め無し 嘉七に津軽密告を指示 （津軽家臣二〇〇石・佐々木四郎五郎安廣）
内通者	嘉七（嘉兵衛） 生国・仙台領岩谷堂 大吉の弟弟子（三戸居住）	お咎め無し 津軽藩に密告 （津軽家臣二〇〇石・小嶋嘉兵衛貞勝）
		恩賞津軽家臣
江戸の支援者	木村太左衛門（41歳） 旗本・夏目家用人	押込（外出禁止三〇日） 大作が江戸滞在中の協力者
江戸の支援者	町野林兵衛（63歳） 御書院番・八木橋 丹波守組 早川十右衛門家来	押込（外出禁止三〇日） 大作に長屋貸与
江戸の支援者	岩名昌言（63歳） 渡辺越中守家来・藩医 子・昌山は萱次郎と大作と懇意	押込（外出禁止三〇日） 大作支援者 後、昌山「相馬大作手簡後に記す」公表
江戸の支援者	飯田弥助 明キ組小人 大作の知人、長屋貸与（身元引受人）	押込（外出禁止三〇日） 後、妻・あやを佐々木伊兵衛より引き取る
江戸同伴家族	下斗米あや（26歳）大作の妻 （芳、福岡で磯に、事件後は綾《あや》に改名）	南部藩士（江戸詰）佐々木伊兵衛にお預け 飯田弥助宅に転居後行方知れず
江戸同伴家族	下斗米勝之助（7歳） 大作の嫡男	津軽藩の追跡逃れ出家（日蓮宗妙縁寺） 駿府大石寺で修行（後に盛岡感恩寺住職）
江戸同伴家族	下斗米龍之進（14歳）大作の弟（異母兄弟）	津軽の追跡逃れ出家（日蓮宗妙縁寺） 駿府大石寺で修行中に死没

親族・門弟	南部藩処分
下斗米宗兵衛　大作の父連座	蟄居（屋敷閉門外出禁止・無期限）
下斗米平九郎　大作の兄（異母）	隠居（無調法に付き、後に藩士復籍）
下斗米小六　兄の嫡男　連座	左遷（大迫・花巻）　安政大地震時江戸藩邸で忠死、金地院の大作墓碑側に埋葬）
関与茂助　関良助の養父	閉　門（翌年七月隠居）
一条平作　関良助の祖父	〃（翌年七月隠居）
沢田宇源太　外門弟・縁者三〇名	差　控（自宅謹慎）

4　大作の斬首刑と捨札（高札）

八月二六日、榊原北町奉行から大作と関良助に獄門打ち首の裁定が下され、同月二九日に小塚原刑場の牢屋敷内において斬首刑が執行された。

梟首は獄屋門前に三日二夜の間晒《さら》され、罪状を著す捨札《すてふだ》は三〇日間立てられた。

捨札〔原文〕

浪人　相馬大作　三十四歳

此者儀領主並他家筋目之儀ニ付　不名留儀ハ及承歴ニ候對遺恨ヲ含鬱憤ヲ可晴候關良助外二名ヘモ申勤帰城之道筋鐵砲等ヲ用意致候段此者一旦之放念ヨリ右企致候不遂事候共右之趣露致可及ヨリ妻子其外召連出奔致候段不恐公儀ヲ仕方不届至極ニ付於浅草獄門行者候也

—

八月二十九日

この捨札を見た江戸庶民は、藩主に忠節を尽くした忠臣と賞賛したが、一方で真逆の評価をする者もいた。前平戸藩主・松浦静山は自然・人文万般の知識旺盛な人物で、本所別邸で隠居暮らしをしていたが、この捨札を見て『甲子夜話』に「大作は博浪鉄椎の流亜《りゅうあ》〔類〕なれど、その愚なること児戯《じぎ》〔幼稚〕に類すとも云うべし」（張良が放った刺客の博浪沙が始皇帝に鉄槌を下し失敗）という中国古事に例え愚弄《ぐろう》している。

後日談になるが、津軽藩主・寧親は大作の斬首に愛刀を使わせる算段で用人・笠原八郎兵衛に白鞘入りの「延寿国時」を託して、笠原はその刀を首斬り浅右衛門に渡して、大作と良助の斬首に用いたとの説が明治になって新聞に載った。

一方、南部家は「山田家と某南部藩士とは縁故であり、津軽藩主の『延寿国時』は預かったが、実際は山田家の宝刀を使った」と反論した。「延寿国時」は大作斬首の名刀とする説明書が添えられ弘前城内の博物館に現在も展示されている。

5　大作の辞世句

藩主への忠孝事件に特化した事件は落着を見たが、大作は己の本懐を辞世句に込めている。ロシア人を閻魔に擬えて蝦夷地警備の大志を公儀に遠慮なく詠み、町奉行役人も中味を咎めることがなく遺族へ手渡したのであろう。

大作の辞世句
「花は散り　葉は木枯らしに　落ちてこそ　誠の様を　表しにけり」
「羨ましき君と父とに仕ふ身は　死しての後もたらぬ海山」
「七度も生まれ変はりて　北の海の　荒ぶる夷《えみし》〔ロシア人〕討ちて払はん」
「七度も生まれ変はりて　君親の　御霊のふゆに　報い祀らん」
「風も吹け雨も強かれもののふの　心の巌動くべしやは」
「今さらに何おかいはん君のため　消て嬉しき浅草の露」
「吹かば吹け倒さば倒せ秋風　心の山ぞいかで動かん」

処刑前に関良助を励ます句
「いざ往かん閻魔《えんま》〔ロシア人〕退治に地獄路へ　遅れをとるな　関の男子《ますらお》も」
関良助の返句
「師の君に　いかで遅れん　追い越えて　閻魔《えんま》の庁に　抜けがけやせん」

第八章　直轄廃止と松前藩復領

第一節　直轄廃止の波紋

1　夏目松前奉行の苦悩

文政四年（一八二一年）一二月六日、松前藩に蝦夷地復領が伝えられる前日、老中から江戸勤番中の高橋松前奉行に蝦夷地直轄廃止が下命され、早馬・早船を使って急ぎ松前へ知らせた。夏目奉行は「全蝦夷地、松前藩へ返還することが決定、松前に版籍返還する引継ぎ準備を急ぐこと」と要領を得ない突飛な書状に驚くばかりであった。

年末年始にかけて蝦夷地の行く末を暗示するかのようにオガリ山の噴火と地震が続き、松前奉行所は松前返還どころではなかった。幕府直轄から二〇年、蝦夷地沿岸部の交通路や宿泊所の整備が進み、内陸部や難所の道路開削を進めて行政や警備体制も整いつつある矢先のことであり、「蝦夷地警備と経営を松前藩政に戻すとは、これまでの苦労が水の泡になる」と嘆く者もいた。

正月早々、夏目は松前復領の御用状を各会所に送り、東蝦夷地の会所や北蝦夷地や西蝦夷地詰役人が冬籠もりするマシケ越年陣屋にまで行き届くのは正月一五日になるが、全蝦夷地直轄廃止・松前藩返還の予期せぬ知らせに一同吃驚仰天し騒然となっていた。

松前では恒例の正月儀式を簡略にし、震災地の救援・復興を急ぎ、次いで松前藩へ版籍返還する作業を進めることとし、陣頭指揮を執る夏目奉行からは「蝦夷地引き渡しにあたり、これまでの松前奉行の方針を忠実に継承させ、民意に配慮することが大事である」と指示した。

2 オガリ山噴火と復領騒動

正月元日、オガリ山の大噴火で余震が繰り返される中、松前藩復領の報が松前城下にもたらされると「お殿様が松前にお帰りになる」と町民は小躍りして触れ回り、城下は大騒ぎになった。

松前家が梁川に移封されてから御用商人や箱館商人に冷や飯を食わされ、復領を目論み運動資金を献金してきた松前商人や旧家臣たちは、昼夜を徹し松前家復活を祝った。

突然の松前奉行所廃止で、これまでの苦労が無駄になると嘆く者と手放しで喜ぶ者で城下は二分された。喜び余って「昨年、箱館東のトイで地中から開元通宝や永楽銭等六〇貫〔約二〇〇キログラム〕の古銭や水晶などが詰まった大壺の発見は、復領の吉兆だった」と言う者がいたり、「いや、正月のオガリ山噴火は幸先不穏な前触れだ」と松前家復活を悪く捉える者もいて、流言も二様にあった。

火山爆発による火砕流《かさいりゅう》は、一瞬にして八〇余人と周辺集落のすべてを焼き払い、文化二年(一八〇五年)、初代奉行の戸川が幕府に蝦夷産馬殖産を進言してウスとアブタに創設された官営牧場も大打撃を受けていた。

開所当初は十数頭で始まったが、このとき分場四カ所に約二五〇〇頭までに増え、優良馬は松前に集荷して三厩経由で内地各地へ供給されるようになっていた。

夏目が配下の石原八兵衛にウスの噴火被災の状況調査を命じた『東蝦夷地ウス山焼《やまやけ》見分書』やウス善光寺の『大臼山《だいうすやま》焼く崩日記』には、火砕流で焼死した人々や放牧馬一四〇〇頭などと記録され、牧場や集落は壊滅状態で再建は困難となっている。

3　松前藩への版籍返還

松前藩は早期復領をせがみ、三月には家老・蛎崎広年と松前広純、用人・工藤八郎右衛門を引き継ぎのため派遣すると前触れしてきた。

蝦夷地を直轄管理して以来、一一人の歴代*の箱館奉行・松前奉行が務め、最後となる夏目奉行の責任は重大であった。部下に「松前藩に蝦夷地統治の手法を継承して、間違いなく実行させなければ、これまでの努力すべてが御破算になる」と訓示した。

そして、吟味役・森覚蔵に奉行所の公文書と蝦夷地全島の図籍（地図・関係書類）を引き渡す作業の指揮を命じた。

奉行所の公文書は膨大な数であり、それらを幕府保存分と松前藩引渡分・双方保存分・廃棄書類に分別する作業は想像を絶するもので、役所総動員で日夜を徹する作業が幾日も続いた。

夏目奉行はそれらを怠りなく見分するため眠れぬ日々が続き疲労困憊であった。

加えて、前年末に江戸から戻った用人・木村から、「相馬大作事件」の報告を受け、死罪は免れぬと案じて心労も重なっていた。
五月二九日、松前藩主・章広と嫡男・見広が松前入りし、湊は出迎えの家臣や町民らが押し寄せた。夏目奉行は奉行所にしていた松前陣屋や諸屋敷を明け渡して、最後の役目を終えた。夏目が松前藩に引き継いだ『北蝦夷地引渡目録』には「演説書」「山靼人交易取扱手続書」「巳年蝦夷家数人別帳」など八冊のほかに『箱館申送書並箱館町役人其外在々《ざいざい》被下《さげらる》品物書付控沖之口《おきのくち》規定書』など、多岐にわたる書類があった。
一方、松前から離れた各会所の様子はどうであったのか。ソウヤ詰の松田伝十郎の手記『北夷談』に詳しく記録されている。

一、正月十五日〔文政五年〕夜松前詰合より御用状到来の処、
一、今度松前蝦夷地一円松前志摩守へ御返し下さる旨、去る十一月七日台命有し段江戸表より申来る旨、且場所々々引渡し方并に山靼交易も取扱べき段申来る。

ソウヤとカラフトを往来して地所や文書・引渡目録などを松前方に引き渡し、大筒など武器類は松前表へ輸送するなど慌ただしく事を進めたことが分かる。

四月二〇日、北蝦夷地詰の一同が早船「金敷《かねしき》丸」でソウヤからカラフト島の南端シラヌシへ発ち、到着して、山丹交易や二七カ所の場所の三五七戸、二七五一人、詰合居所、火薬蔵、早

*歴代松前奉行（文化四年から文政五年まで歴代奉行一一名）

奉行名	在職期間	前職→後職
戸川藤十郎安諭《とがわとうじゅうろうやすとき》（筑前守《ちくぜんのかみ》）家禄五〇〇石	享和二年二月二三日～文化五年四月五日	小納戸頭取格→蝦夷地取締御用掛→箱館奉行→当職→罷免・寄合
お供の家来：（家老）畑為右衛門、舟橋忠大夫　（用人）舟橋忠右衛門、畑弥平次		
羽太庄左衛門正養《はぶとしょうざえもんまさやす》（安芸守《あきのかみ》）家禄五〇〇俵	享和二月二三日～文化四年一一月一八日	本丸目付→蝦夷地取締御用掛→箱館奉行→当職→御役御面（「休明光記」著）
お供の家来：（家老）加藤条右衛門、関与惣兵衛　（用人）中野佐助		
河尻甚五郎春之《かわじりじんごろうはるゆき》（肥後守《ひごのかみ》）家禄三〇〇俵	文化四年一〇月二四日～文化六年七月四日	本丸納戸頭・勘定吟味役兼帯→当職→西丸弓持頭
お供の家来：（家老）無　（用人）高橋林左衛門、市川定之助進、栗原金左衛門		
村垣左太郎定行《むらがきさたろうさだゆき》（淡路守《あわじのかみ》）家禄一二〇〇石	文化四年一〇月二四日～文化九年二月一三日	（御庭番蝦夷地探査）勘定吟味役納戸頭兼→蝦夷地御用→当職→寄合
お供の家来：（家老）無　（用人）石原才兵衛、清水理左衛門、品川作右衛門		
荒尾平八郎成章《あらおへいはちろうしげあき》（但馬守《たじまのかみ》）家禄五〇〇石	文化四年一二月二二日～文化一〇年一月二五日	火付盗賊改本役→当職（羽太の後任）→請負奉行→大坂町奉行→江戸町奉行
お供の家来：（家老）津田文右衛門　（用人）朝比奈仲兵衛、林源左衛門		
小笠原三九郎長幸《おがさわらさんくろうながゆき》（伊勢守《いせのかみ》）家禄五〇〇石	文化九年二月一七日～文化九年九月二九日	勘定奉行勝手方→当職兼帯（村垣の後任）任期中松前で卆
お供の家来：（家老）無　（用人）無		
服部頼母定勝《はっとりたのもさだかつ》（備後守《びんごのかみ》）家禄一四〇〇石	文化九年一一月一日～文化一二年一二月二三日	駿府町奉行→当職（小笠原の後任）→勘定奉行→御役御面→道中奉行
お供の家来：（家老）無　（用人）無		
安藤郷右衛門雅久《あんどうごうえもんまさひさ》（弾正少弼《だんじょうしょうひつ》）家禄八〇〇石	文化一〇年四月七日～文化一二年八月一二日	目付→当職（荒尾の後任）→西丸先手鉄砲頭
お供の家来：（家老）無　（用人）星源之進、川上端右衛門、佐藤宗右衛門		
本多丹下繁文《ほんだたんげしげぶみ》（淡路守《あわじのかみ》）家禄二五〇〇石	文化一二年一一月一〇日～文政三年二月二六日	日光奉行→小普請奉行→当職（安藤の後任）→小普請組支配→一橋家老
お供の家来：（家老）無　（用人）無		
夏目長右衛門信平《なつめちょうえもんのぶひら》（民）（左近将監《さこんしょうげん》）家禄二〇〇〇石	文化一四年二月二日～文政五年七月二四日（江戸帰着九月上旬）	（西丸書院番頭エトロフ島）→目付→当職（服部の後任）→西丸留守居→小普請奉行→普請奉行→一橋家老
お供の家来：（家老）無　（用人）無　※文政三年（用人）後藤又左衛門、木村太左衛門　翌年（用人）渡辺東太夫を追加		
高橋三平重賢《たかはしさんぺいしげかた》（越前守《えちぜんのかみ》）家禄三〇〇俵	文政三年三月八日～文政五年六月一四日	松前吟味役→西丸納戸頭→佐渡奉行→当職（本多の後任）→長崎奉行→新番頭→日光奉行卆
お供の家来：（家老）山本記内　（用人）酒井惣介、小平喜作、森野治兵衛		

一　船「金敷丸」と「沖和丸《おきわ》」などすべてを松前藩家来の工藤幸治へ引き渡す。

一　七月一一日、松田は後始末を終えてソウヤを出立し、松前への途上で次の句を詠んでいる。

一　骨折りし二十四年の粟餅を　きな粉くるめて鷹に獲らるる

松田は下戸《げこ》の甘党で、好物の餅を蝦夷地に、松前を鷹に例え、松前復領の無念を著している。

八月一八日、松田は松前に到着すると、

一、鎮臺《ちんだい》〔夏目松前奉行〕引き払いなりしが、調役小俣次郎八、高橋次太夫、その外下役在住はいまだ松前に逗留の故面会す。

ということで、夏目奉行は七月二四日付で西丸留守居役を命じられ、二日前に松前を引き払い江戸に向かっていた。八月二九日、松田は、松前雇船の「虎逸丸《こえつ》」(五〇〇石)で三厩に渡って人馬荷物の調整を終え、九月五日に三厩を出立、津軽領・秋田領を経て数十年振りに越後の実家に立ち寄ってから、中山道を経由し、江戸には一〇月六日に到着した。翌月、長年の謹厳実直な蝦夷地勤務が評価されて支配勘定に任じられる。

『北夷談』の巻末にはこう書かれている。

一、傳十郎蝦夷地御用を蒙しは寛政十一未の年より、文政五年午の年まで、二十四ヶ年の内十九年此地在勤なり。在府在勤とも長き年月の中煩もせず皆勤せし事、是全く御威光故と、言語筆紙に述難し。扨又此勤務中取扱し事共綴りしは、傳十郎勤功を顕すためにはあらず。子孫へ傳へんため、愚意を以其趣を書記し残すものなり。

第二節　その後の世相

1　水野老中首座の金権政治

相馬大作事件の後、江戸庶民の間では権力を独占する水野筆頭老中の金権政治へ不満が高まっていた。また、貨幣価値切り下げの強行で文政の大不況を招くことになり、老中としての評価は最悪となる。

文政四年(一八二一年)、将軍・家斉は寵愛する沼津藩主・水野忠成に領地一万石を加増し、水野は四万石の城主になった。その大出世の陰には田沼意次を凌ぐ賄賂による金権政治があると世間の評判になっていた。

幕府の要職に就く譜代大名は、職務上要する多額の経費を全額自分で工面した。出世を願う猟官運動には多額の資金が必要で、実力者への歳暮や礼金、賄賂は武家社会の常識だった。

水野は裏仕事を家老・土方《ひじかた》縫殿助に任せたため面談を願う者が土方邸門前に押し寄せ、市場のような賑わいを見せた。「将軍様は水野の思うがまま、水野様は土方の思うがまま、天下の権力は土方の手中にあり」と江戸民衆から揶揄《やゆ》された。金権政治に関わる腹心の重臣らにまで金品を行き届かせ、何事も金次第で動く仕組みができていた。

水野は縁故登用も金次第で、水野忠邦《ただくに》を浜松藩主と寺社奉行にし、毎年数千両の献金の返礼を受けて老中にまで登用している。

数々の悪評判

〔松前藩復領の運動資金〕松前藩主が水野に嘆願するのに多額の賄賂を貢ぎ、水野の専断で決定された。反対勢力の批判を余所に公儀の立て前として、「蝦夷地の陸路・海路も行き届き、撫育政策も産業も順調に進展して当初の目的を達成した。もともとは松前藩の所領であるから、格別の思し召しで返還する」とし、反対派には、「北辺を騒がすロシア南下の恐れも鎮まり蝦夷地警備を松前藩に任せること。財政を潤すと見込んだ蝦夷地経営は、経費が嵩み収益の見込みがないこと」と説明し、南部・津軽両藩の武装解除と松前藩復領を決定した。

〔津軽藩の運動資金〕津軽藩は、相馬大作事件の捕縛や裁定が有利になるよう、また、津軽家と田安家との婚儀が成就するよう家老土方を通じて多額の賄賂を渡した。

〔大豪邸の新築資金〕大作処刑後の一一月、水野は筆頭老中の威厳を誇示するために大規模な屋敷替を画策した。

目白関口の拝領屋敷*の土地と下屋敷（約二〇〇〇坪）と本所の広大な敷地との交換を目論み、まず本所中之郷の生駒親孝の下屋敷（八〇〇坪）と本所林町の菅沼大蔵の屋敷、それら両隣の屋敷と交換し約三〇〇〇坪を取得し新築した（『生駒家文書』）。

水戸藩邸を凌ぐ豪華絢爛な庭園と大豪邸を見た江戸庶民は「賄賂元手に水戸藩邸に優る豪邸と庭園」と皮肉るなど落首や瓦版が評判となった。

水野、本所中之郷なる別邸に、林泉の勝を設け、花木亭舘、具さに結構の美を尽せり。因て台駕を此に迎へて、覧に供せんとするに、元禄以来、台駕宿老の邸に臨まれし例なきに困じ、一策を按じ、其近地小梅に、水戸家の別邸あるを幸に、先づ台駕之に臨み玉ふべく計画し、帰駕の折に通り抜けといふ名目にて其邸に迎へ奉りぬ。中の郷は、もと平曠の地なるに、假山を築きたれども、飛泉を設くること能はず。因て硝子を以て、線と為し、数万縷を束ねて、これを巉岩の間に懸ければ、遠く之を望むに、飛瀑の如くなり。又台駕を迎ふる前に、俄に移し植たる桜樹は、未だ花咲かざりしゆゑ、前日に紙帳して、これを覆ひ、炭火を熾にして、これに

＊拝領屋敷　幕府が大名や旗本・御家人に与えた屋敷地で、売買は禁止だが交換は許された。内々に代価を支払い、藩邸一部を他大名や旗本屋敷と交換する「切坪相対替」の方法で実質的な売買もあった。屋敷の建て替えや築庭は自由にでき、老中や若年寄、旗本の役宅で拝領屋敷の移転は頻繁であり、水野は数家の拝領屋敷を「切坪相対替」の名目で買収した。上屋敷は、大名家や上級旗本家の役宅で「○○家屋敷」と呼ばれ、登城の利便から城の近くにあった。中屋敷は、当主の隠居や家督相続（跡取）などが居住する大名家の住居で移転は少なかった。旗本家で中屋敷を持つのは希である。下屋敷は郊外の別邸で、複数所有する有力大名や大身旗本もおり、大名庭園を構える大名別荘や、旗本家の場合は中心的住居で家族や隠居の住まいに使われた。蔵屋敷は、有力大名に拝領され、米など物資の荷揚と管理のため湾岸や河岸にあった。旗本の場合は下屋敷内に蔵を設けた。拝領町屋敷は、下級幕臣の御家人にも与えられ、家計費を補うため拝領屋敷内に長屋を建て、町人に賃貸することが許された。本人は別の町屋に住むことも多かった。

一　迫りしかば、暫時にして、其花悉く開きしとなり。一瑣事と雖、亦水野の平生を見るべき也

2　松前奉行の人事処遇

夏目松前奉行の左遷

文政五年（一八二二年）九月上旬、夏目は江戸に帰着するが、それは大作処刑の数日後のことであった。

大作の事件のお咎めは用人・木村一人が受け、夏目は関与なしとされてはいたが、江戸帰参の遅延と夏目の閑職である西丸留守居への降格人事を見ると、事件の影響があったことがうかがい知れる。

夏目家の初代は三方《さんぽう》ケ《が》原《はら》の戦いで家康の身代わりとなって討ち死にし、主君を浜松城に逃した命の恩人として知られる忠臣である。そんな譜代旗本の名家を、大作事件に連座させて大罪を問えば、武家ばかりか庶民からも反発を買うのは必至であった。

そのため夏目に対する処遇は厳しいものではなかった。文政六年（一八二三年）に夏目は西丸留守居から小普請奉行（大奥営繕役）に昇格したが、遠国奉行次席の松前奉行と比べれば低い役職であった。

その年、夏目は石工の使い込みで頓挫していた、六栗明善寺での先祖三代の墓碑建立と先祖代々の位牌を漆箱に収納するなどして大法要を済ませた。念願の先祖供養ができて夏目九家の本家としての面目を果たすことができた。

文政一三年（一八三〇年）には普請奉行となり、翌天保二年（一八三一年）には名誉職の御三卿・一橋家の家老職に就くが、天保四年（一八三三年）に死没した。享年六三であった。

旗本・夏目信平の役職変遷図

〈☆譜代大名就任職：大老・老中・若年寄・寺社奉行・大坂城代など〉

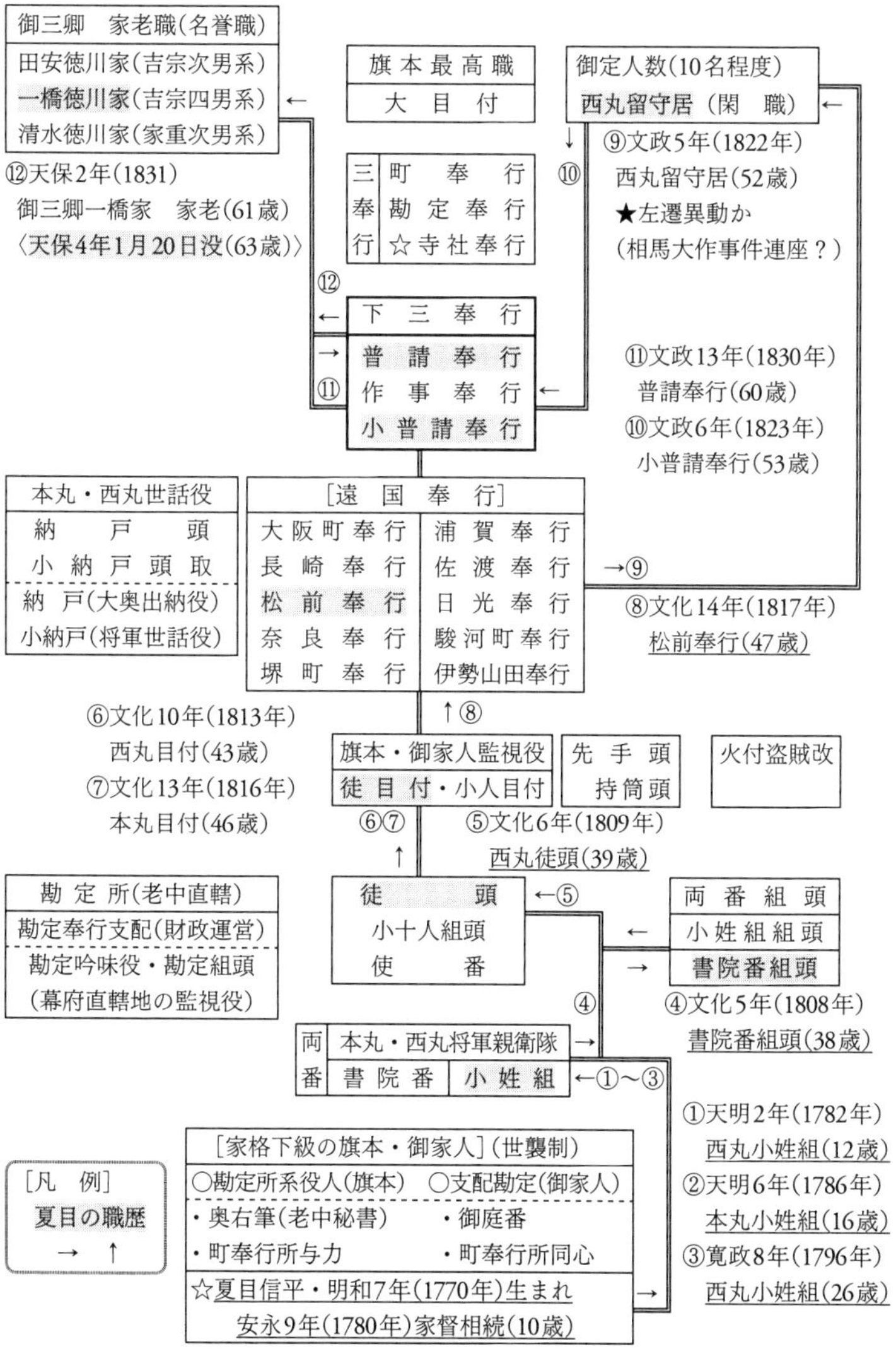
御三卿　家老職（名誉職）
田安徳川家（吉宗次男系）
一橋徳川家（吉宗四男系）
清水徳川家（家重次男系）
⑫天保2年（1831）
御三卿一橋家　家老（61歳）
〈天保4年1月20日没（63歳）〉
旗本最高職
大目付
三奉行
町奉行
勘定奉行
☆寺社奉行
御定人数（10名程度）
西丸留守居（閑職）
⑨文政5年（1822年）
西丸留守居（52歳）
★左遷異動か
（相馬大作事件連座？）
下三奉行
普請奉行
作事奉行
小普請奉行
⑪文政13年（1830年）
普請奉行（60歳）
⑩文政6年（1823年）
小普請奉行（53歳）
本丸・西丸世話役
納戸頭
小納戸頭取
納戸（大奥出納役）
小納戸（将軍世話役）
［遠国奉行］
大阪町奉行
長崎奉行
松前奉行
奈良奉行
堺町奉行
浦賀奉行
佐渡奉行
日光奉行
駿河町奉行
伊勢山田奉行
⑧文化14年（1817年）
松前奉行（47歳）
⑥文化10年（1813年）
西丸目付（43歳）
⑦文化13年（1816年）
本丸目付（46歳）
旗本・御家人監視役
徒目付・小人目付
先手頭
持筒頭
火付盗賊改
⑤文化6年（1809年）
西丸徒頭（39歳）
勘定所（老中直轄）
勘定奉行支配（財政運営）
勘定吟味役・勘定組頭
（幕府直轄地の監視役）
徒頭
小十人組頭
使番
両番組頭
小姓組組頭
書院番組頭
④文化5年（1808年）
書院番組頭（38歳）
両番
本丸・西丸将軍親衛隊
書院番
小姓組
①天明2年（1782年）
西丸小姓組（12歳）
②天明6年（1786年）
本丸小姓組（16歳）
③寛政8年（1796年）
西丸小姓組（26歳）
［凡例］
夏目の職歴
［家格下級の旗本・御家人］（世襲制）
○勘定所系役人（旗本）
○支配勘定（御家人）
・奥右筆（老中秘書）
・御庭番
・町奉行所与力
・町奉行所同心
☆夏目信平・明和7年（1770年）生まれ
安永9年（1780年）家督相続（10歳）

前頁の夏目信平の役職変遷図を見ると、旗本・御家人の人事の流れからして夏目が相馬大作事件と全く無縁ならば三奉行まで栄進できたと思われる。

高橋松前奉行の大栄転

文政五年（一八二二年）六月一四日、昨年末の江戸勤番中に蝦夷地直轄廃止を知った高橋松前奉行は、遠国奉行上席の長崎奉行を命じられた。

幕臣らのだれもが驚き不思議に思う異例の大栄転であった。なぜなら、下級旗本の昇進する最高職が納戸頭や二丸留守居（七〇〇石）であり、松前奉行昇進も異例のことながら長崎奉行への登用は前例になかったからである。

高橋の家禄は三〇〇俵の少禄であるが、役高（役職給料）や役料（任地手当）、役得に恵まれる遠国奉行所勤務を望み、佐渡奉行から松前奉行・長崎奉行に昇り詰めたのである。

長崎奉行は遠国奉行の最上席で、御目付・御普請奉行など一〇〇〇石・二〇〇〇石程度の上級旗本からなる高級官僚である。役高一〇〇〇石、御役料四四〇〇俵だが、余得収入の方がはるかに大きく、輸入品を御調物名目で関税免除で購入する特権があり、京・大坂で数倍の価格で転売し莫大な利益を得た。また、舶載品取り扱う長崎町人・貿易商人・地元役人などからの献金（八朔銀年七二貫余）や清国人・オランダ人からの贈物や諸藩からの付け届けなど、一度の任期で子々孫々が贅沢に暮らせるほど蓄財ができると、旗本垂涎の役職だった。その猟官運動資金の相場は三〇〇〇両（約三億円）と公然と言われていた。

高橋は前年春に江戸勤番に戻って以来、蝦夷地直轄廃止の動きを察知しており、次なる人事異動先を見据えて猟官活動に暗躍して水野老中の家老・土方にも日参していた。

高橋は、「ロシア南下の危機は去り、長崎貿易の俵物や〆かすなど蝦夷地産品の生産と供給も安定し軌道に乗っており、幕府の梃子入れがなくてももはや蝦夷地は安泰」などと言って蝦夷地直轄廃止派らが喜ぶような情報と賄賂を武器に猟官運動に拍車をかけた。蝦夷地に精通する高橋松前奉行の発言には説得力があり、直轄廃止に影響を及ぼしたとも考えられる。

幕閣の間でゴローニン事件の解決に奔走した高橋の評価が高い一方で、勘定奉行所支配方らからは御用商人の高田屋嘉兵衛や伊達林右衛門らとの蜜月関係が囁かれ、蝦夷地在勤中に猟官運動資金の蓄財に励んでいたなどと噂されていた。

幕府勘定所の支配勘定である山木三保助は、文化一〇年（一八一三年）から文政五年（一八二二年）まで松前と江戸を一年ごとに往来勤務し、松前奉行所の情報を書き留めた『蝦夷地内密御用留』を勘定奉行に提出した。そこに高橋吟味役（通称・三平）の悪徳ぶりを暴く小野半弥の報告を書き留めている。

「文化十酉年三月御内々申上候書付」　小野半弥

松前奉行支配向の内御用向取扱方幷江戸会所松前御役所共風聞承候趣其外共御内々申上候

一、高橋三平儀、御勘定より吟味役仰付引続度々蝦夷地在勤仕候処、東蝦夷地御料に相成候後は、御入用に御厭ひなく夷人伏従とのみ申事の由にて、御金遣方は勝手次第の由に承及候得は、定て御勘定合等の儀も明日なる儀も難計候得共追々少々つゝ居合候に随ひ、以前の振合には難計趣に可有之哉の処其後、立合御勘定方も被仰付候儀に付、主役似ても無油断心付候趣にて、自然と御取締付候廉も可有之哉に奉存候得共、兼々東地請負の儀、松前奉行へ被仰渡も有之候得共、一体三平に不限最初より取扱候者は、前々の仕来相替候は不宜相心得候哉此度東地請負被仰出候処、深山宇平太強て右請負儀は不宜旨御役に替候ても可申立と、申事の由にて右書面も差出候由、右は三平尻持にて宇平太に為申立候由の風聞も承り候間、一体御益筋の儀専相含候心得共相聞不申候得共、如才の無之人物故一と通の処は万事心付候趣にて、下役在住等の内、依媚拈贔屓なく御用向も申談候様子に付、いづれも三平えは帰服仕居候趣に相見申候」

（『松前町史資料編第三巻』『新しい道史第二八号』）

要するに「高橋三平は短期で交代する奉行を飾り物にして、勝手なことをしている」と高橋を酷評する文書である。奉行所内では油断ならぬ古参役人として勘定所役人に監視されていたことが分かる。

この文書は勘定奉行から蝦夷地総括の若年寄堀田を通じて、老中・阿部正精（文化一四年就任）に届いている（阿部家文書（北海道文書館所蔵））。

高橋が長崎奉行になってから一つの事件が起こる。文政九年（一八二六年）五月一日、江戸参府したオランダ商館長・ステュルレルが将軍・徳川家斉への謁見直後に、江戸在勤の高橋長崎奉行に日蘭貿易に関する嘆願書を提出するという事件である。

本来、そうした嘆願書は老中へ提出すべきもので、長崎奉行に出すものではない。高橋は越権行為をしたとして責任を問われ、五月二四日長崎奉行を罷免され、西丸新番頭に左遷されたが、この理由一つではなかったようである。

その後、高橋は幕閣たちに遠国奉行への復職を働きかけ、天保四年（一八三三年）四月に日光奉行に返り咲くが、在職中の同年八月二六日に急死している。

3　蝦夷地経営の総決算

文政六年（一八二三年）、勘定奉行・遠山景晋は、松前詰の支配勘定方からの、寛政一一年（一七九九年）から文政五年（一八二二年）までの蝦夷地経営の報告書『蝦夷地惣会計《えぞちそうかいけい》』を水野老中へ提出して、蝦夷地直轄時代の総決算を完了した。

遠山勘定奉行は、夏目前松前奉行のほか永年勤続の松田伝十郎・間宮林蔵らからも実情聴取をして、蝦夷地経営が効率よく適正に運営されていれば幕府の財政を潤すに足る収益が見込めたことを知ったはずである。

遠山勘定奉行は優秀な人材の登用を老中に進言したことで知られ、松前奉行所廃止後、松田を勘定奉行支配の支配勘定に、間宮を普請役に登用している。

間宮は房総半島以北の太平洋沿岸に来航する捕鯨船の探査を行い、後に小笠原諸島の探査や長崎奉行の監視、薩摩藩の密貿易を探査している。

4　南部藩と津軽藩の確執再燃

南部聶盾と大作人気

榊原北町奉行は相馬大作事件において武家諸法度にある忠義と名誉を重んじる裁定を下した。その結果、南部藩にはお咎めがなく、津軽家にとっては、もともと南部家の家来筋の家柄であることが公《おおやけ》にされ、不名誉極まるものとなった。

さらには、南部藩新藩主の位階は津軽藩主のそれより下になることはなく、大膳大夫を名乗ることを許された。南部藩では藩主から領民に至るまで喜び、大作のお陰と感謝した。

江戸庶民は相馬大作事件を赤穂事件の再来と持て囃し、大作人気と南部聶盾の風潮が高まって、講談や芝居は大入りの人気となった。

津軽藩の屈辱と暗躍

一方津軽藩は、参勤道の無断迂回や南部家の家来筋のことが世の中に表沙汰にされ、本来、被害者であるはずが、真逆の立場になっていた。

津軽藩主・寧親は榊原北町奉行の裁定に激怒した。そして次期の参勤交代の道中に不安を募らせ、側用人・笠原に、街道の警備強化と火縄銃を携帯することを幕府に届け出させた。また、平山門下の動きを探らせ、大作の妻子と弟に刺客を向けるよう命じた。

しかしこの頃、津軽藩は極度の財政難にあえいでいた。

津軽家は幕政に参与するという野望を持ち、門閥との繋がりを深めようと世子・信順の正室に内大臣・近衛家の娘を迎えることにした。しかし婚約後に近衛家の娘が夭折、次に田安斉匡（将軍・家斉弟）の六女・鋭姫を迎えようとするが、結婚を目前にして鋭姫もまた夭折するという不運に見舞われる。

それにもめげず文政四年（一八二一年）四月に、信順は斉匡の九女・欽姫と婚約、翌年一二月に結婚した。しかし、それまでの三度の婚約で公家衆や幕閣への賄賂数一〇万両を費やしていた。

そこに相馬大作事件が降って湧いたのである。大作の捕縛や大作の死刑を誘導するためにさらに莫大な金品を費やした。

津軽候の災難はまだ続く。

文政八年（一八二五年）四月、藩主・寧親は家督を次男・信順に譲り隠居するが、幕府が寧親の肩を叩いたとの噂が流れ、大作の「隠居勧告状」が功を奏したと世間は沸いた。

文政一〇年（一八二七年）、将軍・家斉の太政大臣昇進と内府・家慶の従一位昇格を祝うために諸大名が登城したとき、津軽信順は身分不相応な上げ輿で登城して「御禁制破り」で閉門（七五日）の咎めを受けた。信順は「公家から賜ったものであり、上げ輿の使用は水野老中首座の家老・土方に届けた」と弁明したが、水野が「知らぬ存ぜぬ」で通したため受け入れられなかった。

これを題材とする芝居や講談が評判を呼び、津軽藩江戸屋敷の門扉や黒塀には落書きが続くなどして津軽藩の評判は地に落ちた。

「津軽上げ輿の一件」を扱った芝居「大津軽業」では津軽を揶揄する口上に喝采が沸いた。

主役、太夫弘前右京大夫〔越中守寧親〕と馬鹿太夫同越中〔出羽守信順〕

〈台詞〉○助六〔市川団十郎〕「……恥かきだらふ馬鹿の町、五葉牡丹の紋付きは、堅川〔津軽〕殿のぬけ六〔信順〕とも、又は上げ輿のしくじりともいう小馬鹿な者。間近く寄って閉門を拝み奉れ。

エィアァ津軽ねへ」
「津軽ねへ」は「違えねぇ～」の駄洒落のようにも聞こえるが、江戸弁で津軽藩主親子の暗偶を卑しめる語り口調で江戸っ子の流行言葉になった。

（吉原健一郎著『落書きというメディア——江戸民衆の怒りとユーモア』教育出版）

第三節　大作の墓碑と戒名

1　千住「回向院」の墓碑（遺骸埋葬）

文政五年（一八二二年）八月二九日、小塚原刑場で斬首された大作と関良助の遺骸は、美濃屋主人・金子氏がもらい受け、千住回向院に埋葬された。

千住回向院には、小塚原刑場の刑死者や牢死者・行路病死者を供養するために本所回向院の別院として建立されたものである。

大作と良助の墓碑の側には、侠客・腕の喜三郎や義賊・鼠小僧次郎吉などの墓があり、博徒らが勝負の縁起を担いでそれらの墓石を削り取る者が多かった。大作の芝居が評判となったことで大作の墓石もまた削り取られ、墓石の角が丸くなるほどになった。

2　本所「妙縁寺」の首塚

大作の友人の清水恒光は、大作の晒し首をもらい受け、妙縁寺境内に首塚を建立した。大作の戒名は「勝作居士」だが、清水は自家の過去帳に大作に最高位の戒名「大秀院忠含受刑勝作居士」を載せている。

清水は日本橋で魚河岸相模屋を営み、財を成し、晩年に家業を次男に任せ、別荘である富貴園で学者や幕臣・文人墨客と交流した風流人であった。平山行蔵や大作とも知遇を得て海防論を交わした。篤志家で凶作に備え義倉を創設したり、御家人株を得て幕臣に加わった。

大作の浜松道場建設計画を支援し、海洋訓練船に興味を抱き、飛舸（早船）を建造している。熱心な日蓮正宗の信者で、大作入獄後は子・勝之助と弟・龍之進を妙縁寺の日脱上人に預け富士の大石寺に帰依させた。勝之助は大石寺で修行後、盛岡の感恩寺を創建し、「英穏院日淳」と名乗った。龍之進は大石寺での修業中に若くして亡くなった。

3　芝「金地院」の墓碑（遺髪埋葬）

江戸南部藩邸御用人・黒川主馬と南部藩士・新渡戸傳《つとう》が「忠臣相馬大作の顕彰事業」を提唱し、遺髪を遺族からもらい受けて南部家菩提所の金地院に埋葬した。

墓碑には、戒名「金剛院勇岳義道居士」、建立「文政十三年黒川連之助定勝（通称主馬）建」とある。墓石がよく削り取られるため、これまでに何度か建て替えられている。

金地院は、家康の外交顧問で「切支丹教禁令」「寺院諸法度」「武家諸法度」などの発布に関与した金地院崇伝が、徳川家の墓所である増上寺の近くに開山した寺院である。墓所の入口には南部家が寄進した閻魔大王像*が鎮座し墓の番人をしている。そして、大作の墓碑向かって右横には、甥・下*

斗米昌常の墓碑が寄り添っている。

＊大作と良助の墓碑　大作の墓碑にある戒名は「大観信士」で良助は「利白信士」である。
昭和四五年（一九七〇年）、岩手県福岡町（現・二戸市）は「大作処刑百五十年祭」の開催を機に、二人の墓碑を東京・千住回向院から地元の龍岩寺に移設した。現在、大作と良助の墓は下斗米惣蔵の墓と並んでいる。東京・千住回向院の墓の跡地には現在、供養塔が建立されている。

＊閻魔大王像　本尊「聖観世音菩薩閻魔大王」石像は、宝永年間（一七〇四年～）に南部藩主・重信が、夢の霊示があったと麻布下屋敷にあった閻魔像を金地院に遷座した。いつの頃にか閻魔像の鼻が一刀両断されたため、その後修復はされたが「欠鼻閻魔」と呼ばれるようになった。
筆者は墓参のたびにロシア人を閻魔に擬《なぞら》えた大作の辞世句を思い起こす。平山門下のだれかが閻魔退治のつもりで閻魔像の鼻を一刀両断にしたと思ってしまうのである。

＊下斗米昌常　大作の兄・平九郎の長男。安政二年（一八五五年）一〇月二日、江戸藩邸御勝手掛の昌常は、安政の大地震に見舞われ、藩主を守るため重傷を負った。そのとき破傷風を併発し、一〇月一七日に死亡。藩主利剛《としひさ》は負傷で助かった。昌常は南部の忠臣として大作の墓碑の隣に埋葬された。金地院の檀家である黒川家が大作と昌常の墓守を代々続け、命日には献花を欠かさない。

終章

大作の遺志継承者

1　岩名昌山『相馬子誠手簡、後に記す』を公表

安政五年（一八五八年）、岩名昌山（五八歳）は、大作が父に宛てた手紙を読み、感銘を受けて『相馬子誠（大作）手簡後に記す』を公表した。大作の攘夷思想や蝦夷地探査を明らかにするものである。

一見意気相投じ、遂に結びて兄弟〔秀之進と萱次郎〕と為り、共に松の前に遊び、大海風濤の険を冒し、北辺の形勝を窮覧す。〔中略〕〔大作は〕闊達、飾り気がない。思うことをスバズバ言い、言葉や顔に包み隠すことは全く無い。笑いこけ冗談をいい人は思わず大笑いしてしまう。酒は飲まず、人にはよくすすめる。談じて、国の治乱興亡、忠孝仁義に及べば、俄然、髪は天を衝き、まなじりは慷慨・激越の調子となる。

天性激情型である。小柄な体格で精悍、武芸百般、史学に励み、その抄録に努める。「韜鈴階梯」「築城考」等の著書がある。細井其神と意気投合し、共に松前に遊び、北辺の防備にも探査の事に当たった。彼は、国あるを知って、家あるを知らず、義あるを知って、身あるを知ら

ない士である。〔後略〕

安政戊午晩〔安政五年末〕　春昌山岩名好謙子光識す

昌山は、事実と異なる「相馬大作忠勇伝」が講談や芝居で持て囃されるのを悔やみ、大作の実像を語るべく安政の大獄の最中に蝦夷地探査や本懐とする攘夷の考えを公表したのである。台頭する尊皇攘夷の勤王の志士らに大作こそが攘夷志士の先駆者と告げるかのように。

2　清水恒光と芳野金陵

文政一一年（一八二八年）、恒光の次男・純忠と三男・純畸《すみひで》は、父から大作のことを聞き、伝記『下斗米将真伝』を著した。長女・千代は儒者・芳野金陵に嫁いだ。芳野も大作に傾倒し『相馬大作傳』を著した。芳野金陵は儒者・亀田鵬斎（文政元年に松前に滞在し『陸奥日記』を著す）と長男の綾瀬《りょうらい》（南部福岡に来遊）の門弟である。

嘉永六年（一八五三年）、芳野はペリー来航のとき、洋式海防論を老中・中久世広周に入説し、「安政の大獄」では捕縛を逃れ、その後昌平校の儒者に登用された。

大作の遺志は、清水家や芳野にも語り継がれ、国防思想にも影響を及ぼしている。

3　勤王の志士たちへの影響

嘉永六年（一八五三年）、黒船来航を機に尊皇攘夷論が渦巻き、安政二年（一八五五年）の「安政の大地震」では水戸藩士・藤田東湖が圧死した。東湖は芳野金陵を通じて大作を知り、その生き様に感激流涕慨嘆し『下斗米将真傳』を著した。

安政五年（一八五八年）九月、大老・井伊直弼の外交に反対する勤王の志士らを一掃する安政の大獄により吉田松陰が処刑された。松蔭は嘉永四年（一八五一年）一二月の東北遊歴の旅で矢立峠を望み、大作を偲び漢詩を詠んでいる。

『東北遊日記』より〔漢詩現代文訳〕

両山屹立して屏風の如く、一渓屈曲してその中を流る。
山窮き水極まり路なからんと欲し、矢立の嶺その衝に当たる。
杉檜《さんかい》天を掩ひて昼また暗く、天絶険を以て二邦を彊《かぎ》〔限〕る。
聞くならく文政辛巳の歳、津軽、藩に就かんとし此の際を過ぐ。
南部の逋〔逃亡〕臣米将真、徒を糾め、過輿の衛を要せんと欲す。
幾日の徘徊人視を驚かし、敗露忽ち空し数年の計。
他の利人の和両つながら之を得、自ら謂ふ籌〔謀〕画万遺すところなしと。
言ふを休めよ奇変は意外に出づと、一恃は常に百禍と随ふ。
君聞かずや韜鈐《たうけん》〔兵法書〕の上乗一句に存す、始めは処女の如く後には脱兎と。

大作の攘夷の遺志は東湖や松陰にも共感され、幕末の尊皇攘夷運動にも少なからず影響を及ぼしたと考えることができるだろう。

4　平山鋭次郎と金十郎

平山鋭次郎

安政二年（一八五五年）、ペリー来航後の「日米和親条約」による箱館開港で、蝦夷地を再び幕府直轄領として箱館奉行を置き、安政四年に五稜郭の築城に着工した。開拓者の誘致促進を進め、八王子千人同心や幕臣から妻子同伴での移住希望者を募って近郊の七重（現・七飯町）周辺に入植させた。

文久元年（一八六一年）、平山行蔵の家督を継いだ鋭次郎（養嗣子、五五歳）は、幕府御鉄砲方・井上左太夫組与力の配下で浦賀与力下田詰めだったが、組頭の井上貫流左衛門（二代目）に箱館奉行所への転属を願い、調役定役として転任することができた。

妻子（倅・国太郎、女子一人）と門弟の清水金十郎ほか数人を連れて江戸を出立するが、途中の「房川渡中田関*」で女通御手形（女手形）不備のため、鋭次郎が江戸と往来する半月余り家族らは中田宿場に足留めされた。

房川渡中田関通過留守居の記録（埼玉県史料叢書、栗橋関所記録）に「鉄砲四挺と鉄砲小道具など多数を持参、書物一万巻程と多数の武具は陸送困難なため、大型船二艘に積んで箱館へ回送」との記述がある。

文久三年（一八六三年）、五稜郭が完成し、守備隊を組織するため入植者から郷兵を募り鉄砲方の鋭次郎が郷兵教練を行い、七重峠下村に寺子屋を開塾して郷士らの子弟教育も行った。

平山金十郎　平山鋭次郎は一番弟子の清水金十郎を婿養子に迎えて平山実用流の三代目を継がせた。金十郎は奉行特務（警察）の役割を担い、郷兵組寄宿所の教授掛として郷兵訓練や塾の子弟教育をした。

明治元年（一八六八年）、新政府に反発した金十郎は、函館府知事・清水谷公考《きんなる》の暗殺事件（箱館府転覆計画）を千人同心・馬場政昭（後の依田勉三の義父）らと画策し、失敗。郷士らは新政府軍と旧幕府軍に分かれ、金十郎らは旧幕府軍に加わった（『峠下村松田家文書』『七飯町史・資料編・寺子教訓往来』）。

函館戦争の敗残兵として官軍に追われて内地へ逃走するが、明治七年（一八七四年）に七重峠下に帰って塾を再開する。明治三六年（一九〇三年）に死没した。

昭和四八年（一九七三年）、当時の七飯町博物館長・長川清悦（先祖は松前奉行所・長川仲右衛門）が、伝承を頼りに峠下丘陵の薮の中から「平山先生之墓」を発見した。側には「箱館戦争勃発の地」の戦死者の墓碑群がある。

長川家は下斗米与八郎の長男・耕造と交流があり、耕造の署名入りの『下斗米大作実伝』が伝わる。長川清悦は博物館の特別展で相馬大作を紹介する「南部地方の人々と七飯」を開催している（長川清

＊女通御手形　関所通過には通行手形が必要で、武士の場合は組頭が、庶民の場合は町名主が交付した。女手形は、「入鉄砲、出女」の統制によるもので、鉄砲手形と女手形が別にあるが、特に出女は大名の正室（江戸在住義務）の出国監視が目的で、幕府の御留守居役人が発行する「御留守居証文」には、素性や旅の目的・行先・宗門・髪形・顔手足の特徴まで記載された。文久二年（一八六二年）、参勤交代の大幅緩和（事実上廃止）で人質制度の意義を失い、事前に関所通過の人数届けでよく女手形は形骸化し、慶応三年（一八六七年）の慶応改革で手形無用となった。事実上関所改めは廃止となり、明治二年（一八六九年）に関所も廃止された。

悦著『蝦夷地の千人隊』私家版）。

5　福岡「兵聖閣」と「会輔社」

兵聖閣と会輔社で子弟教育継承

大作から免許皆伝を授かった門弟たちは、幕末まで実用流武術や漢学を通じて文武両道の精神を伝え続けた。

門弟の小保内定身は、江戸の国学者・平田篤胤に師事し、萩藩士の桂小五郎（後の木戸孝允）や吉田松陰、小倉健作（松田謙三）らと親交を深め、尊皇攘夷思想に傾倒した。

安政五年（一八五八年）、小倉の福岡来訪を機に父・孫陸（香香神社宮司）と「会輔社」を結社し、明治になって活躍する優秀な人材を多数輩出した。同族の小保内喜代太は、東京大学卒業後に帰郷して会輔社の教壇に立った。

田中舘愛橘

安政三年（一八五六年）～昭和二七年（一九五二年）。

愛橘は、大作の姉美和の孫稲蔵の長男に生まれた。幼少から和漢書を学び、藩校「作人館修文所」を経て、明治一一年（一八七八年）東京帝国大学理学部に入学（第一回生）。東京大学理学部教授・理学博士の功績で貴族院議員となる。国際学会ではシュバイツァー博士やキュリー夫人と交流を深めた。

地球物理学のほか産業の発展や航空力学の研究、地震防災の研究、メートル法やローマ字の普及などに幅広く活躍し、昭和一九年（一九四四年）文化勲章を授与。明治四二年（一九〇九年）、『相馬大作実伝――相馬大作の史実』を雑誌『日本乃日本人』（五〇〇号）に寄稿した。

田中舘秀三

明治一七年（一八八四年）〜昭和二六年（一九五一年）。

秀三は下斗米与八郎（『下斗米大作実伝』の著者）の三男で、縁戚の田中舘愛橘の娘・美稲と結婚し田中舘姓を継ぐ。東京大学で地質・地震学を学び、イタリア・ドイツに国費留学。大正期に北海道大学助教授として十勝岳大噴火を調査する。戦時中はシンガポール博物館の保護に奔走した。終戦の混乱時に大本営陸軍部と交渉し、陸軍参謀本部所蔵の「外邦図」（諸外国図一〇万枚余）を連合国軍による検閲を逃れて貨車で東北大学へ運んだ。「外邦図」は現在は東北大学理学部自然史博物館に保存されている。戦前戦後を通じて東北大学教授として有珠山噴火の在野の研究者・三松正夫を学術支援し、「昭和新山」の名付け親となる。兄の下斗米耕造の長男・俊夫（後に石川に改姓）が北海道大学教授となり昭和新山研究を継承した（三松三朗著『火山一代——昭和新山と三松正夫』）。

秀三の大胆不敵で奇想天外な行動は、大作に例えられることが多く、語り継がれる逸話は多い。

あとがき

津軽・南部にくすぶる確執は、戊辰戦争でも火を吹いた。官軍となった津軽藩、賊軍となった南部藩の対立は明治になっても続いた。廃藩置県では賊軍の南部藩は岩手県となったが、その一部は秋田県・青森県に分離された。

明治の世になって、あらためて相馬大作事件が世間に知られるようになったのは、明治一五年(一八八二年)二月、講談速記本のブームが起きて、歌舞伎俳優・市川右団次の相馬大作の芝居も評判になったためである。

相馬大作を演目にした芝居は、津軽びいきの官憲によって上演を中断させられることもあったが、市川右団次は興行を続け、大成功を収めた。市川右団次は大作と良助の霊を祀る招魂碑を上野谷中霊園天王寺の五重塔のそばに建立した。

谷中霊園の五重塔は、昭和三二年(一九五七年)に放火により焼失したが、硬石で建立された招魂碑は現存しており、大作の墓碑と勘違いして墓参する人も多い。

戦時中には、武士道を美化する軍事教育に相馬大作の「武勇」が取り上げられ、少年雑誌や講談・

映画などにも登場し、その人気は「忠臣蔵」と二分するほどだった。

しかし戦後を境に、相馬大作の名は忘れ去られた。時折、時代小説や講談に登場はするものの断片的に取り上げられるだけで、相馬大作の実像が語られることは今やほとんどない。

令和四年（二〇二二年）の八月二九日は、相馬大作の没後二〇〇年目の命日に当たる。一一月三日には大作縁の岩手県二戸市（旧・福岡町）で没後二〇〇年の記念行事が開催され、筆者も二戸での四度目の講演に招かれ感激している。

寿郎社社長の土肥寿郎氏からは本書出版の機会をいただき、「人生に本一冊」の念願が七二歳干支の節目に叶えられ、心より感謝を申し上げたい。

また、この本を上梓することができたのは、二戸市立歴史民俗資料館の菅原前館長と関館長をはじめとする、取材や調査にご協力いただいた関係者の方々のご厚意によるものとお礼を申し上げたい。

執筆中にロシア軍がウクライナを侵略する暴挙が報じられ、国際社会に大きな不安を抱かせていることに憤りを感じている。本書にも書いたが、ロシアは二〇〇年前から隣国侵略をしてきた。終戦時に占領された北方領土の返還は今の世情から見て残念ながら望み薄のようである。

最後に、本書が、二〇〇年前に世界に目を向け、国防の大志を抱き、短い人生を駆け抜けた相馬大作の実像と生き様を知っていただく一冊となれば幸いです。

二〇二二年一〇月

下斗米哲明

参考史料

相馬大作（下斗米秀之進将真・形水）の著作目録

書名	巻数	著者	明治末期の所蔵者	現在の所蔵者
百将伝	一〇冊		下斗米小六郎	不明
鈐階梯稿	五冊		下斗米小六郎	石川家→市立民俗資料館
粮餉弁	一冊		下斗米常次	不明
武格説	一冊		田中舘愛橘	〃
兵要録口義	八冊		下斗米与八郎	石川家→市立民俗資料館（現存）
東西問答駁説	一冊		下斗米与八郎	〃（〃）
夢幻談（写本）	一冊		下斗米与八郎	不明
孫子　講要	一冊		澤藤椎太郎	〃
雄英機操稿艸編	一冊		澤藤椎太郎	〃
握機八陣集解行儀	一冊		下斗米功	〃
汎論	二冊		下斗米功	〃
蝦夷警備策	一冊		下斗米功	〃
魯賊粉砕編	一冊		下斗米功	〃
遊北日抄	一冊		下斗米功	〃
蝦夷地見聞録	一冊		下斗米惣藏	嘉永二年（一八四九年）火災で焼失
蝦夷地絵地図	一葉 二葉		呑香稲荷神社 下斗米与八郎	市立民俗資料館（写し） 石川家→市立民俗資料館

石川家所蔵文書（相馬大作遺品・秘伝書の目録）

資料名	内容	年代
清水流規矩術秘伝書（巻物写）	西洋流測量術の免許皆伝書	元禄後期以降
大坪流手綱目録	馬術秘伝書　大嶋源八	寛保三年一〇月（一七四三年）
目録口傳（和流手綱目録）	馬術秘伝書	天明二年（一七八二年）
『東西問答駁説』（秀之進直筆）	ロシア南下と蝦夷地の情勢	文化年間
『講武実用流次序』（巻物）＋写本	下斗米秀之進から田中舘栄八	文化一四年（一八一七年）
傳習記・実用流練体手鏡	免許皆伝書や兵聖閣規則など	文化・文政年間記
『講武実用流練目録』（直筆）	下斗米秀之進から平豊左衛門	文政三年二月（一八二〇年）
『講武実用流練体目録』（巻物）	下斗米大作から田中舘連司へ	文政四年三月（一八二一年）
赤松流免許（大筒・小筒免許皆伝）	赤松流砲術免許皆伝書	文化・文政年間？
御流儀■書外（砲術・規矩術）	砲術に於ける規矩・測量術	〃
平山行蔵肖像画と書	篁齊謹識	〃
実用流兵術出席届付帳（人数書上帳）	二二冊（年代不明二冊）	〃
実用流兵術ヶ条講義録	免許皆伝書と同内容	〃
実用流■■打上相図業箇条目録　砲術関係	〃	
諸流某方集帳（火薬調合）	火薬術秘伝書	〃

参考文献

『新北海道年表』北海道編纂（北海道出版企画センター）
『松前町史』
『函館市史』
『阿部家文書』（阿部家文書、北海道文書館所蔵）
『福岡通代官所文書』（二戸資料叢書第二集）
『文化五年仙台藩蝦夷地警固記録集成』村上直・高橋克弥共編
『蝦夷地鉄砲伝来と北辺防備の大砲』会田金吾著（函館文化会）
『蝦夷日記』（文化三年某南部藩士の記録、岩手県文化財愛護協会編）
『私残記――大村治五平に拠るエトロフ島事件』森荘已池著（中公文庫）
『松前詰合日記』津軽藩士・斉藤勝利著・復刻（斜里町立知床博物館）
『北の黒船』（岩手県立博物館第五九回企画展図録）
『北のまもりと開拓――会津藩と北海道』（会津武家屋敷文化財管理室）
『幕臣井上貫流左衛門家文書の世界』（東京都江戸東京博物館）
『蝦夷地御用内密留』幕府勘定方・山木三保助著（阿部家文書、北海道文書館所蔵）
『北夷談』松田伝十郎著（現代語訳、解説・堺比呂志）
『幕吏松田伝十郎のカラフト探検』中島欣也著（新潮社）
『最上徳内』島谷良吉著（吉川弘文館）

『ゴロウニン日本俘虜実記（上・下）』徳力真太郎訳（講談社学術文庫）
『北門の功労者――アイヌ語通訳・上原熊次郎』手塚京子著（江戸がたり寿々方）
『北の松窓乙二伝』大嶋寛著（道新選書）
『相馬大作のすべて』（相馬大作生誕二〇〇年記念誌、二戸市教育委員会）
『正傳相馬大作』『下斗米将真伝』小保内鞆尾編（明治四二年〔一九〇九年〕）
『文化・文政武鑑』（復刻版）「新訂・寛政重修諸家譜」（続群書類従完成会）
『天明蝦夷探検始末記――田沼意次と悲運の探検家たち』照井壮助著（影書房）
『松前・菅江眞澄』内田武志著（北方書院）
『天明の密偵小説・菅江真澄』中津文彦著（文藝春秋）
『江戸の旗本事典』小川恭一著（講談社文庫）
『埋み火はまた燃える――新田一族銘々伝』新田純弘著（清水恒光一族）
『時代考証事典　正』稲垣史生著（新人物往来社）
『大江戸侍入門』（洋泉社）
『北門叢書・全六冊』（国書刊行会）
『平山行蔵』青柳武明著（学習社）
『埋もれていた箱館戦争』脇哲著（みやま書房）
『図説日本剣豪史』今村嘉雄編（新人物往来社）
『相馬大作と津軽頼母』長谷川伸著（時事通信社）

『相馬大作』直木三十五・三上於菟吉共著（改造社）
『矢立峠相馬大作』村雨退二郎著（北辰堂）

年表

西暦	和暦	大作	出来事
一七八九年	寛政元年	誕生	アイヌ、クナシリ・メナシの蜂起→幕府の蝦夷地警備対策の始まり→南部藩援軍派遣準備（六八七人部隊編成）→松前藩鎮圧で解除
一七九二年	寛政四年	四歳	ロシア使節ラックスマンの東蝦夷地・ネモロに来航 幕府は再来航禁止通告→蝦夷地警備の強化方針決定
一七九三年	寛政五年	五歳	南部藩は幕命で藩兵（三八三人）ネモロへ派遣→行軍二戸通過
一七九九年	寛政一一年	一一歳	幕府が東蝦夷地仮上知→東蝦夷地警備を南部・津軽藩に命令 盛岡城下「北地御用所」設置（大砲・鉄砲・艦船四隻製造）
一八〇〇年	寛政一二年	一二歳	南部藩に派兵増の命令→砂原・クナシリ（五〇〇人） 八王子千人同心シラヌカ（五〇人）とユウフツ（五〇人）に入地（警備と開拓）
			戸ト流剣術と新当流槍術道場に入門
一八〇二年	享和二年	一四歳	幕府が東蝦夷地永上知（直轄幕領地）→箱館奉行開設
一八〇三年	享和三年	一五歳	元服改名：秀之進・将真　盛岡の戸来弓人に師事
一八〇四年	文化元年	一六歳	南部藩北地御用所（前線基地大畑・田名部）、エトロフ島越冬五一人中四四名死亡　戸来家辞し福岡帰郷

西暦	和暦	大作	出来事〔●事件・凶事等〕
一八〇六年	文化三年	一八歳	五月某日　江戸へ遊学志し出奔 九月　露艦船の樺太の運上屋襲撃掠奪〈箱館奉行→松前奉行〉
一八〇七年	文化四年	一九歳	三月　蝦夷地全域幕領化　四月「エトロフ島事件」 五月　平山行蔵幕府へ建白書（「上執政相公閣下書」）
一八〇八年	文化五年	二〇歳	三月　幕臣砲術師・井上貫流左衛門　蝦夷地御用（ヲタルナイ派遣） 翌年二月　再度の蝦夷地御用（松前・江差派遣）
一八〇八年	文化五年	二〇歳	幕府が「露船打払令」発布→北辺警備再強化 ○二月　夏目西丸書院組頭→幕府軍監役（仙台藩兵とエトロフ島派遣・年末帰着）
			○秀之進の平山行蔵道場入門（夏目が塾邸に預ける）
一八一一年	文化八年	二三歳	松田伝十郎と間宮林蔵のカラフト探査で海峡発見→警備兵縮小 真貫実用流免許皆伝（筆頭師範代）　細井萱次郎入門
一八一二年	文化九年	二四歳	夏目家に再出仕　翌年夏目夫妻の媒酌で結婚
一八一三年	文化一〇年	二五歳	捕虜のロシア艦長ゴローニンと、ロシアが拉致した高田屋嘉兵衛と交換→日露関係小康状態（津軽・南部藩出兵大幅削減）
一八一四年	文化一一年	二六歳	平山行蔵幕府に再度蝦夷地警備策を建言→道場閉門→浅草道場開門→八月福岡帰郷（福岡「兵聖閣」開門）

一八一五年	文化一二年	二七歳	南部・津軽藩奥地派兵撤退（奥地勤番所警備・松前奉行幕吏） ○南部藩→箱館表各台場の専任守備（二〇〇人） ○津軽藩→松前地各台場の選任守備（一〇〇人）
一八一六年	文化一三年	二八歳	関良助入門、細井二戸に滞在大作と蝦夷地探査を計画
一八一七年	文化一四年	二九歳	二月　夏目信平（左近将監）松前奉行に就任 一一月　大作と細井萱次郎蝦夷地へ福岡出立
一八一八年	文政元年	三〇歳	五月一〇日　大作と細井萱次郎福岡帰着 一〇月　金田一前平「兵聖閣演武場」新築（門弟二百余） 翌年、平山同門細井萱次郎・木村・大釜来訪支援
一八一九年	文政二年	三一歳	●八月一三日　夏目大作松前在勤中に妻急死 （大作夫妻の仲人・恩人の急死）
一八二〇年	文政三年	三二歳	●六月三日　藩主南部利敬憤死→門閥家老らが藩政に復帰 ●直接政治理由に支援者中野福岡代官らの大更迭→藩内紛 ●七月一四日　義兄弟の細井萱次郎急死、支援者らの求心力低下（浜松道場建設頓挫）→大作宛遺書（急死毒殺説） ●九月　藩新藩主利用（替え玉）の後見・七戸藩主南部信鄰（の藩政関与）

西暦	和暦	大作	出来事［●事件・凶事等］
			○大作、関良助と鹿角方面実地踏査 ○九月　大作江戸へ、岩名昌言宅寄寓（外科術習得） 夏目夫人細井の墓参（細井の遺書→急病死の毒殺説） ○一二月末　津軽藩主の侍従就任情報聴取→要撃決意帰郷（不満藩士の軽挙妄動・暴走懸念→仇討ち身代わり説）
一八二一年	文政四年	三三歳	●四月一五日　大作の姉・田中舘ミワ死亡 ○四月二二日　津軽侯へ隠退勧告→要撃計画実行 ○四月二四日　大作津軽侯要撃未遂→江戸へ（妻子・弟・関） ●八月二一日　新藩主利用木登で転落死（御目見得直前） ○一〇月五日　大作と関良助、美濃屋に誘い出され捕縛・入獄 ●一一月一五日　替玉・利用将軍謁見、同二五日後見・七戸藩主南部信鄰（四四）急死（重臣間の派閥抗争→毒殺説） ●一二月　新藩主替玉・利用の大膳太夫就任 ●一月末　幕府蝦夷地直轄廃止・松前藩復領（南部藩撤兵）
一八二二年	文政五年	三四歳	○一月七日　大作と良助、南部藩士分扱いでの取り調べとなる ○八月二九日　大作と良助死罪（忠臣扱いの処分内容） ○九月上旬　夏目信平松前から江戸に帰着

下斗米哲明（しもとまい・てつあき）

一九五〇年（昭和二五年）北海道三石町（現・新ひだか町）生まれ。一九六六年、北海道立静内高校入学。郷土史クラブに所属し、縄文・擦文・アイヌ期遺跡の発掘調査に参加する。また一年間、休学して自転車で日本を一周、城郭などを見て回る。

一九七〇年、北海道庁に入庁。福祉・環境・広報などの業務につく。

二〇一一年、北海道立アイヌ民族文化研究センター副所長を最後に北海道庁を退職。道新文化センターや札幌市生涯学習総合センターちえりあでの歴史講座の講師を務める。現在、北海道下斗米会（相馬大作の会）事務局長。

文政四年《ぶんせいよねん》の激震《げきしん》〈相馬大作事件《そうまだいさくじけん》〉

江戸《えど》と蝦夷地《えぞち》を揺《ゆ》るがした津軽《つがる》と南部《なんぶ》の確執《かくしつ》

発行　二〇二二年一一月一日 初版第一刷

著者　下斗米哲明

発行者　土肥寿郎

発行所　有限会社 寿郎社

〒〇六〇－〇八〇七　札幌市北区北七条西二丁目 37山京ビル

電話　〇一一－七〇八－八五六五

FAX　〇一一－七〇八－八五六六

E-mail doi@jurousha.com　URL https://www.ju-rousha.com/

郵便振替 02730-3-10602

印刷所　日本ハイコム株式会社

＊落丁・乱丁はお取り替えいたします。

＊紙での読書が難しい方やそのような方の読書をサポートしている個人・団体の方には、必要に応じて本書のテキストデータをお送りいたしますので、発行所までご連絡ください。

ISBN978-4-909281-46-3 C0021

寿郎社の好評既刊

シャクシャインの戦い

平山裕人

一六六九年六月、幕府を揺るがす〈アイヌの一斉蜂起〉始まる——。松前藩、津軽藩の史料などを駆使してさまざまな角度から近世最大の民族戦争「シャクシャインの戦い」を捉え、その全貌に迫った本。

定価：本体二五〇〇円＋税

古文書が伝える北海道の仰天秘話51

合田一道

徳川家康の黒印状から幕末における松前藩のクーデターを物語る文書、明治期の人事・政争・汚職の顛末がわかる記録まで——。公文書館、博物館、図書館の史料から見えてくる北海道の生々しい「現実」を読む。

定価：本体一八〇〇円＋税

南部藩領域を中心とした近世北奥図

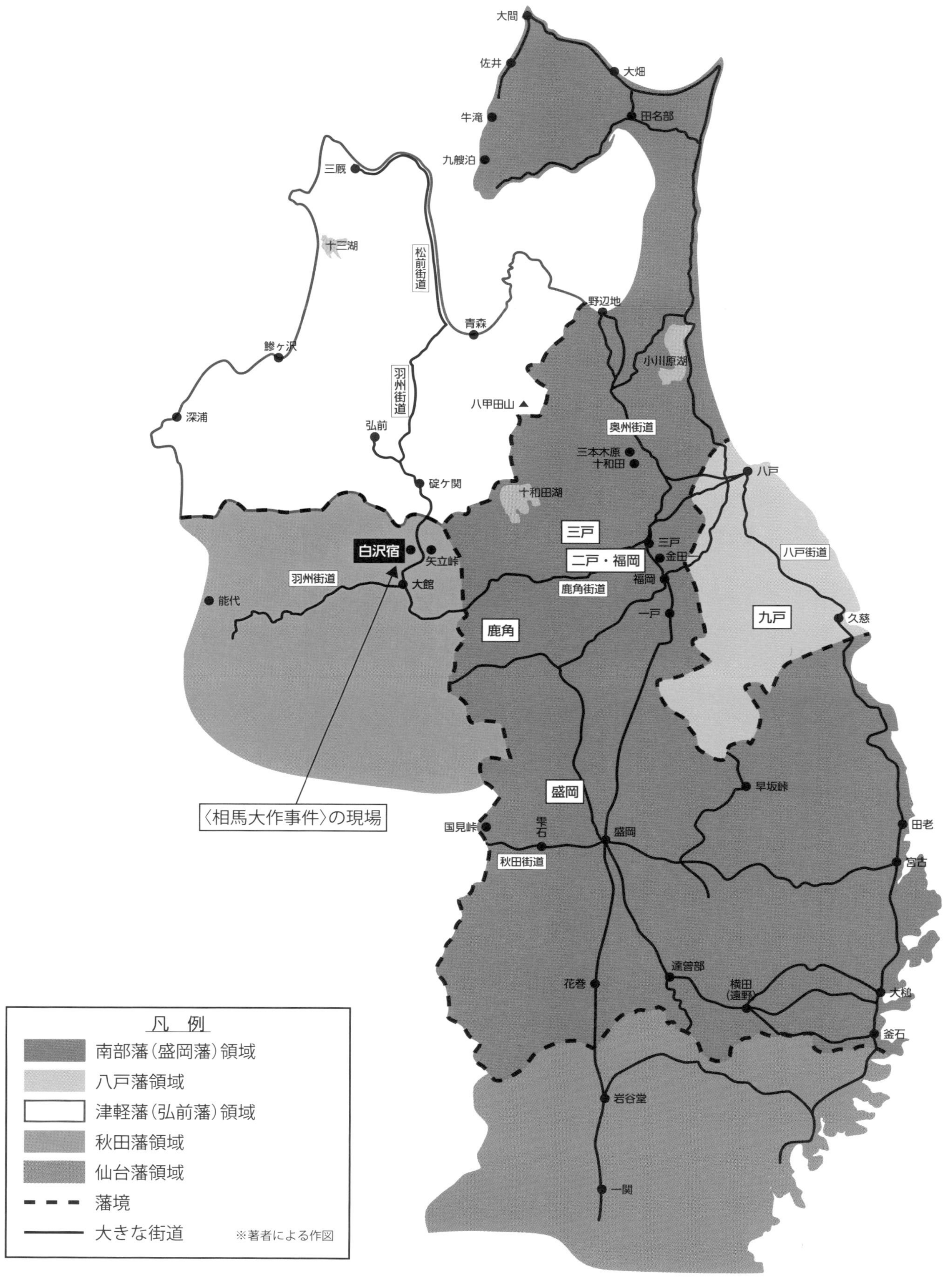

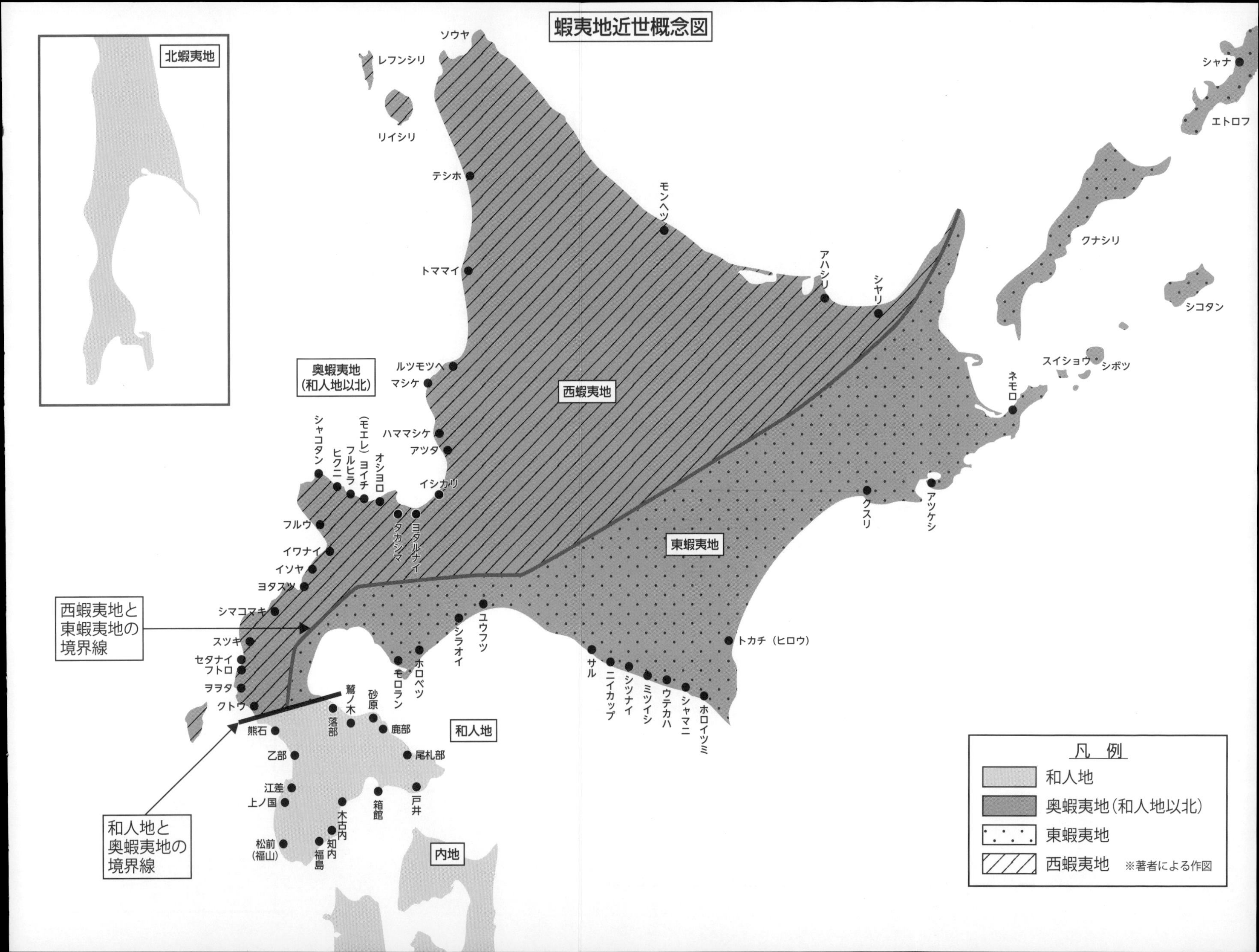

蝦夷地近世概念図
北蝦夷地
奥蝦夷地
(和人地以北)
西蝦夷地
東蝦夷地
和人地
内地
西蝦夷地と
東蝦夷地の
境界線
和人地と
奥蝦夷地の
境界線
ソウヤ
レフンシリ
リイシリ
テシホ
モンヘツ
トママイ
アハシリ
シャリ
シャナ
エトロフ
クナシリ
シコタン
スイショウ
シボツ
ネモロ
ルツモツヘ
マシケ
ハママシケ
アツタ
イシカリ
シャコタン
ヒクニ
フルヒラ
(モエレ) ヨイチ
オショロ
タカシマ
ヨタルナイ
フルウ
イワナイ
イソヤ
ヨタスツ
シマコマキ
スツキ
セタナイ
フトロ
ヲヲタ
クトウ
クスリ
アツケシ
ユウフツ
シラオイ
ホロベツ
モロラン
トカチ(ヒロウ)
サル
ニイカップ
シツナイ
ミツイシ
ウテカハ
シャマニ
ホロイツミ
鷲ノ木
砂原
落部
鹿部
熊石
乙部
尾札部
江差
上ノ国
箱館
戸井
木古内
知内
福島
松前
(福山)
凡 例
和人地
奥蝦夷地(和人地以北)
東蝦夷地
西蝦夷地
※著者による作図